정답 없는 세상에서 리더로 살아가기

리더가 직면하는
크리티컬 모먼트 14

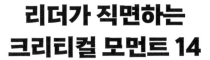

정답 없는
세상에서
리더로
살아가기

리더 포비아에서 벗어나 미래 리더로 성장하기 위한 길

임창현 지음

pazit

차례

1부

리더의 삶, 현실 공감

2부

정답 없는 세상에서 리더들이 직면하는
크리티컬 모먼트 14

비즈니스 및 일의 변화

일하는 방식의 변화

구성원의 변화

3부

미래 리더십을 말하다

다시 생각해 보는 리더십

언제부터인가 우리 삶에서 행복은 중요한 가치가 되었습니다. 어찌 보면 너무 당연한 것인데 그동안 우리는 각자의 행복보다는 무언가를 위한 의무와 책임의 역할이 더 컸던 것이 사실입니다. 세계 행복 연구보고서World Happiness Report는 2012년부터 매년 세계 각국의 행복도를 측정하고 있는데 국가로서의 성공은 국민의 행복으로 평가되어야 한다고 선언하고, 이제는 국민 행복이 국가 정부의 운영 목표가 되어야 한다고 강조합니다.[1]

기업에서 일하는 직장인의 삶은 어떨까요? 우리 삶의 가장 큰 부분이면서도 중요한 한 축은 '직업'과 '일'입니다. 삶의 대부분의 시간을 직장에서 보내며, 일을 통해 자신의 가치를 드러내기 때문입니다. 2022년 국내 기업에서 일하는 구성원의 행복이 어디에 있는지, 어떻게 행복을 경험하는지 실증 연구가 이루어졌습니다.[2]

이 연구에서는 행복에 영향을 미치는 수많은 요인이 있지만 그 중에서 더 중요하게 영향을 미치는 5가지 요소가 있다는 것을 밝혀냅니다. 그것은 '성장' '자율' '관계' '워라밸' '보상'입니다.

| 행복 영향 요인 |

성장
일을 통한 경력 개발 및 자아 실현

자율
일의 추진 과정에서 다양한 결정의 자율권
(시간, 장소, 실행)

구성원
행복

관계
조직 내 구성원 간 긍정적 교류의 질과 양

워라밸
일과 삶의 균형

보상
보상 방식과 수준

이 연구가 보여주는 메시지는 매우 단순하고 명쾌합니다. 행복한 구성원이 자발적이고 의욕적으로 일에 몰입할 수 있고, 구성원이 몰입할 때 더 지속가능한 회사를, 더 큰 행복을 만들어 낼 수 있다는 것입니다. 이와 더불어 행복 연구가 보여주는 또 하나의 시사점이 있습니다. 구성원 행복 요인 상당 부분이 리더와의 관계, 리더의 역할에서 매우 중요하게 드러난다는 것입니다. 이는 이미 글로벌 리서치 기관인 갤럽의 연구에서 밝혀진 것과도 같은 메시지를 보여줍니다. 갤럽은 매년 전 세계 많은 기업의 구성원이 얼마나 몰입하고 있는지를 조사하고 있는데 단위 조직 리더의 영향력이 약 70% 정도를 차지한다고 밝히고 있습니다.[3]

그런데 최근 이전과는 결이 다른 새로운 시그널이 확인되고 있습니다. 이렇게 중요한 리더가 더이상 행복하지 않다고 말합니다. 아니 좀더 정확하게는 리더의 행복노가 리더 보임 이후 오히려 줄어들고 있다는 것입니다. 설문조사에 따르면 응답자 중 2/3는 리더 보임 이후 자신의 행복이 하락하고 있거나 정체되어 있다고 말합니다.[4] 행복하지 않은 리더가 구성원의 행복을 지원하며 이끌어 갈 수 있을까요? 더 우려가 되는 것은 이러한 리더를 보면서 구성원들도 더 이상 리더가 되기를 희망하지 않는, 리더 포비아Leader Phobia 현상이 함께 커지고 있다는 것입니다.

그 구체적인 실체를 확인하기 위해 다양한 각도에서 질문을 던졌습니다. 먼저 리더들에게 함께 일하는 구성원들은 리더가 되고 싶어하는 분위기인지 리더들의 생각을 물었습니다. 약 25%의 리더만이 그렇다고 응답합니다. 리더 4명 중 3명은 자신들이 보기에 산하 구성원들이 그리 리더가 되고 싶어하지 않다고 말하는 것입니다. 다음으로 동료 구성원에게 물었습니다. 본인이 생각하기에 동료 구성원들은 리더가 되고 싶어하는지, 리더가 되고자 하는 열망이 강한지 물었습니다. 결과는 리더의 응답과 거의 유사하게 약 26% 정도의 구성원만 그렇다고 응답합니다. 마지막으로 구성원으로서 본인은 리더로 성장하기를 기대하는지에 대해서는 약 45% 정도가 그렇다고 응답합니다. 전반적으로 구성원들이 리더가 되기를 희망하는 정도가 약해지고 있는 모습을 보여주고 있습니다.

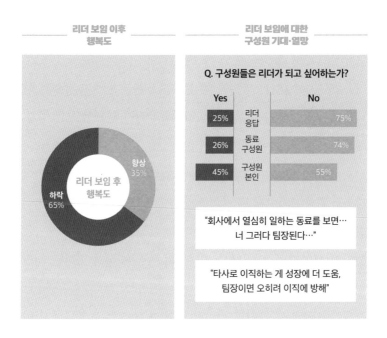

리더 보임 이후
행복도

리더 보임에 대한
구성원 기대·열망

Q. 구성원들은 리더가 되고 싶어하는가?

	Yes		No
리더 응답	25%		75%
동료 구성원	26%		74%
구성원 본인	45%		55%

리더 보임 후 행복도
향상 35%
하락 65%

"회사에서 열심히 일하는 동료를 보면…
너 그러다 팀장된다…"

"타사로 이직하는 게 성장에 더 도움,
팀장이면 오히려 이직에 방해"

지금까지 리더가 된다는 것은 일에 대한 전문성과 성과에 대한 기여도를 인정받는 것이고, 동시에 그에 맞는 보상과 더 큰 성장의 기회가 있다는 것을 의미하며 당연히 축하받을 만한 일이었습니다. 그런데 이제는 오히려 열심히 일하는 구성원들이 '너 그러다 팀장된다'라는 냉소 섞인 우스갯소리를 공공연하게 듣기도 합니다. 어느새 애처롭고 불쌍한 존재가 되어버린 리더, 어쩌면 이것이 오늘을 살아가는 리더의 모습일 수 있습니다.

최근 많은 기업들은 변화와 혼돈의 시기를 극복하기 위해 수많은 혁신을 추진하고 있습니다. 이를 딥체인지Deep Change라고 합니다. 이전과는 달리 ESG가 기업 경영의 새로운 목적이 되고 있고, 이를 위한 새로운 비즈니스 모델로의 전환이 요구되고 있으며, 기업들은 일하는 방식의 혁신을 통해 생존과 성장을 위한 다각적인 노력을 강구하고 있습니다. 경영 혁신 분야의 구루Guru인 게리 하멜Gary Hamel에 따르면 기업의 모든 변화와 혁신은 궁극적으로 리더의 변화가 결정적 역할을 한다고 강조합니다.[5] 기업이 강조하고 추진하고자 하는 것들도 결국은 리더들의 말과 행동이 변화할 때 비로소 변화가 시작된다는 것입니다. 앞서 말한 딥체인지의 성공 여부도 리더와 리더십의 혁신에 달려 있다는 것입니다.

행복 연구에서 확인된 것처럼 단위 조직 리더는 일터에서 더 큰 행복을 만들고 이끌어 가는 데 있어 가장 중요한 요소 중 하나입니다. 그런데 이러한 리더가 지금 흔들리고 있으며 어려운 시기에 처해 있습니다. 리더들은 도대체 무엇을 어떻게 해야 할지 모르는 혼돈의 상황에 처해 있으며, 힘들고 험난한 어려움에 직면해 있습니다. 이제 우리는 이 문제를 슬기롭게 풀어야 합니다. 새로운 맥락과 환경에서 요구되는 미래 역할을 다시 고민하고, 리더들이 부끄럽지 않고 당당하게 일할 수 있는 구조를 함께 고민해야 합니다. 리더답게 리더십을 가장 잘 연습하고 훈련할 수 있는 시간(또는 시기)은 조직 내에서 리더 역할을 담당하는 바로 지금 이 순간이기 때문입니다. 더 이상 정답이 없는 시대, 과거의 질서가 작동되지 않는 맥락에서 리더들도 이전과 달라진 것이 무엇인지 명확히 인지하고 그에 맞는 행동으로 변화할 필요가 있습니다.

이 책에서는 정답이 없는 불확실한 시대를 살아가는 단위 조직 리더의 관점에서 지금 직면하고 있는 현실을 직시하고 일상에서 부딪히는 문제를 탐색해 보며, 궁극적으로는 미래 리더로 성장하기 위한 길을 찾아보려고 합니다. 국내의 다양한 기업에서 실제 단위 조직 리더 역할을 수행하는 수많은 리더의 생생한 목소리를 통해 확인된 객관적 데이터를 기반으로 리더의 고민과 이슈를 이야기해 보려고 합니다.

먼저 1장에서는 현재 리더들이 처한 현실을 들여다보며 과연 여전히 리더가 필요한지, 리더십이 어떻게 변화하고 있는지를 살펴봅니다. 2장에서는 리더들이 일상적으로 직면하는 결정적 장면인 크리티컬 모먼트Critical Moments를 살펴봅니다. 크리티컬 모먼트란 성과와 성장을 이끄는 데 매우 중요한 장면이지만 여전히 많은 리더들이 부딪히며 어려움을 겪고 있는 문제 상황을 말합니다. 크리티컬 모먼트가 리더의 발목을 잡지 않도록 지혜롭게 조직을 이끌어 나갈 수 있는 방법을 다양한 관점에서 성찰해 볼 수 있습니다. 3장에서는 새로운 변화 환경이 요구하는 미래 리더십의 본질적인 요소를 다시 한번 살펴보고, 이를 실천하기 위한 방법을 소개합니다.

1부

리더의 삶,

현실 공감

1

우리는 모두
불안의 시대에 살고 있다

새해의 시작을 알린 지 얼마 되지 않은 듯한데 언제나 그렇듯이 시간은 빠르게 지나갑니다. 리더로서의 삶은 그리 만만치 않습니다. 늘 산적한 이슈가 존재하고, 하루하루를 마치 전투하듯 그렇게 보내는 날들이 많습니다. 그러다 문득 '나는 지금 잘 살고 있는지' 자문해 보게 됩니다. 이런 생각을 하다 보면 이내 마음이 조급해지기도 합니다.

"나는 정말 잘 지내고 있는 걸까?"

국내 직장인 5,107명을 대상으로 미래의 행복을 만들어 가는 데 있어 방해가 되거나 어려운 점이 무엇인지를 물었습니다.[1] 수많은 사람들로부터 다양한 의견들이 모아졌습니다. 그중 압도적

우위를 차지한 것은 '미래에 대한 불안'이었습니다. 디지털로 무장한 테크놀로지와 인공지능AI은 무서운 속도로 발전하고 있고, 회사도 이러한 변화 속에서 날마다 새로운 혁신을 강조하며 과거에는 경험해 보지도 못한 일들을 벌이고 있는데 정작 자신은 그만큼 변하고 있지 못하다는 것입니다. 오히려 정체되거나 도태되고 있는 것은 아닌가 하는 미래에 대한 불안이 점점 더 커지고 있습니다.

최근 우리의 보편적 정서에는 불안이 자리하고 있습니다. 특히 미래에 대한 걱정과 두려움에서 오는 '상태 불안'이 커지고 있습니다. 2021년, '벼룩시장 구인구직'이 직장인 3,274명을 대상으로 고용 불안감에 대한 설문조사를 한 결과, 응답자 중 85.8%가 현재 고용 상태에 불안을 느끼고 있다고 합니다.[2] 최근 이러한 경향은 더 두드러지게 나타나고 있는데 직장 내 불안과 우울에 따른 스트레스가 훨씬 더 증가하고 있다는 것입니다.[3] 이것은 상태 불안이 특정 연령층에 한정되지 않고 모든 연령층에서 고르게 나타나고 있음을 보여줍니다.

코로나19로 인한 팬데믹을 거치면서 조직 내 리더들의 불안과 스트레스도 급격히 증가하고 있습니다. 최근 국내 기업의 신임 리더로 승진한 687명의 리더에게 그들의 마음 상태가 어떤지 그 속 마음을 들어 보았습니다.[4] 변화의 속도가 빠르고 불확실성이 큰 시기에 새롭게 리더로 부임한 그들의 마음이 궁금했습니

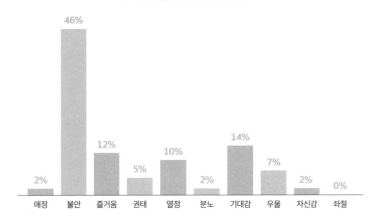

| 국내 기업 리더의 정서 지도 |

애정	불안	즐거움	권태	열정	분노	기대감	우울	자신감	좌절
2%	46%	12%	5%	10%	2%	14%	7%	2%	0%

2021년 국내 기업 신입리더 687명 응답

다. 역시나 신임 리더들의 정서도 크게 다르지 않았습니다. 리더로 승진한 만큼 기대와 즐거움, 열정도 느끼지만 이들의 정서를 지배하는 것 역시 '불안'이었습니다.

이는 한국만의 문제는 아닙니다. 미국의 비영리기관인 멘탈 헬스 아메리카Mental Health America의 연구에 따르면 미국 기업 임원의 57%와 중간 관리자의 56%가 불안을 경험하고 있다고 합니다.[5] 이를 증명하기라도 하듯 최근 서점에 가 보면 '불안'에 대한 온갖 책이 넘쳐나고 있습니다. 리더와 구성원 모두 불안을 느끼는 세상에서 살아가고 있다는 이야기입니다.

심리학자들에 따르면 불안은 모르는 것, 즉 불확실한 것에서 비롯된다고 합니다. 무언가 빠르게 변화하고 있는데 나는 어떤 일이, 어떤 속도로, 어느 방향으로 진행되는지 모르다 보니 정작 무엇을 어떻게 해야 할지 몰라 불안하다는 것입니다. 조직 생활을 오래하고 수많은 역경을 이겨내며 지금까지 잘 지내왔던 리더조차 최근의 변화 속에서 자신의 위치를 알기 어렵다고 이야기합니다. 왜냐하면 기존의 경험이 더 이상 작동하지 않기 시작했다는 것을 온몸으로 체감하고 있기 때문입니다.

함께 일하고 있는 구성원들은 어떨까요? 구성원들이라고 마냥 마음이 편한 것은 아닙니다. 어느 한순간도 편안하고 쉬운 일은 없습니다. 환경이 변하고 고객의 욕구도 다양해지면서 익숙했던 일이 아닌, 과거에 해 보지 않은 일로 채워지는 경우가 많아지고 있다는 것입니다. 때로는 지금 하고 있는 일이 그리 대단한 것이 아님에도 불구하고 그것조차 쉽지 않다고 느끼기도 합니다. 정작 두려운 것은 이 일이 꼭 내가 아니어도 누구나 할 수 있는 것은 아닐까 하는 '대체됨의 두려움'을 느낀다는 것입니다.

미래에 대한 불안이 커질수록 사람들은 보다 확실하고 안전하며, 안정적인 것에 민감해집니다. 불확실한 시대에 사람들이 찾는 안전 장치는 무엇일까요? 그것은 '돈'입니다. 이로 인해 우리 사회는 물질주의가 강하게 나타나는 현상을 보여줍니다. 물질주의란 돈과 같은 물질을 가장 중요한 가치로 인식하고 행동하는 태도를 말합니다. 실제 수많은 연구에서 한국 사회는 타 국가에 비해 물질주의적 가치가 매우 높게 나타나는 현상이 확인되고 있습니다. 2021년 미국 퓨리서치 센터Pew Research Center는 17개 국가의 국민을 대상으로 가장 의미 있게 여기는 것이 무엇인지 조사한 적이 있습니다.[6] 그런데 유독 한국 응답자의 결과에서 독특한 차이를 보였다고 합니다. 다른 나라의 응답자 대부분은 가장 의미 있는 가치로 '가족' '직업' '친구' 등을 응답한 반면, 한국은 유일하게 돈과 같은 '물질적 가치'가 가장 중요하다고 응답했기 때문입니다. 각 국가별 국민들의 가치와 인식을 보여주는 세계 가치관 조사World Value Survey에서도 한국은 물질주의적 가치가 매우 높다는 것을 반복적으로 보여줍니다.[7] 중요한 것은 돈과 같은 물질에 집착하고 민감하게 생각할수록 개인의 행복도는 오히려 낮아지는 현상이 나타나고 있다는 점입니다. 우리 사회는 전반적으로 삶의 가장 중요한 가치로서 물질에 대한 민감도가 높아지고 있으며 이는 다시 행복 경험에도 부정적 영향을 미치고 있습니다.[8]

그런데 우리 삶에서 불안을 없앨 수는 없습니다. 특히 미래에 대한 불안은 어쩌면 자연스러운 삶의 한 과정이기도 합니다. 그러나 미래 불안의 원천이 무엇인지는 곰곰이 생각해 볼 필요가 있습니다. 불안이 불확실성에서 온다는 것은 결국 불안이 자기 자신에 대한 불확실에서 시작되고 있다는 것을 의미합니다. 내가 누구인지, 어떤 삶을 살고자 하는지, 어떤 일을 통해 가치를 만들고 나답게 살아가는 것인지에 대한 자기 정체성이 선명할 때 우리는 불안을 넘어 우리의 삶을 새로운 기대와 열망으로 이끌 수 있게 됩니다.

글로벌 컨설팅 회사인 맥킨지McKinsey&Company의 연구에 따르면 사람들은 자신의 직업이 삶의 가치와 목적의 원천이 되기를 기대하는 경향이 크다고 합니다.[9] 즉 일을 통해 자기 정체성이 발현되기를 원한다는 것입니다. 그런데 자신의 일에서 가치와 의미를 발견하지 못하면 어떨까요? 그럴 때 우리는 무력감을 느끼고, 미래에 대한 두려움과 불안이 크게 다가올 수밖에 없을 것입니다.

대다수의 리더들은 어느 날 갑자기 리더로 보임하게 됩니다. 일을 잘 했고, 그래서 인정을 받았고, 그러다 보니 리더가 된 것입니다. '선발'되었고 또 '보임' 받은 것입니다. 그래서 리더로서의 역할 정체성에 대한 고민을 해 볼 겨를조차 없이 '느닷없이' 리더가 되었다고 말합니다.

리더가 되면 달라지는 것들이 있습니다. 주어진 일보다 스스로 일을 디자인해야 하는 상황이 많고, 내가 잘 하는 것을 넘어 다른 사람이 잘 하도록 도와야 하며, 때로는 잘 모르는 영역에서도 의사결정을 하고 실행되도록 이끌어야 합니다. 세상은 점점 익숙한 영역이 아닌 낯선 영역에서의 삶을 요구합니다. 리더로서 책임은 커졌고, 부담과 불안도 같이 늘어납니다. 만일 리더의 삶이 나의 결단과 선택이 아니라면 그것을 지속하기 어려울 수 있습니다. 리더의 삶은 자신은 물론, 함께 하는 구성원 그리고 속한 조직에

정답 없는 세상에서 리더로 살아가기

가장 큰 영향을 미치는 역할입니다. 내가 원하지도 않는 역할에서 그 역할을 감당하기란 결코 만만치 않기 때문입니다.

그래서 리더의 삶은 자기 결단과 선택의 과정을 필요로 합니다. 물론 조직에서는 충분한 경험과 역량이 있고 다른 사람과 함께 더 큰 성장과 행복을 만들 수 있는 잠재성 있는 사람에게 리더의 역할과 기회를 부여하려고 합니다. 그리고 여기에 더해 본인의 자발적 결단과 선택이 필요합니다. 리더의 삶은 불확실하고 불안한 상황에서 목적을 향해 함께 가도록 이끄는 역할이고, 이 과정에는 많은 어려움이 산적해 있습니다. 그 과정에서 기꺼이 성장감을 경험하고 즐기며 더 큰 행복을 만들고자 하는 자기 결단과 용기 있는 행동이 필요합니다. 불안의 시대, 리더로서의 삶을 선택하고 시작하기 위해 이제 새로운 맥락에서 리더십에 대한 성찰과 행동이 필요합니다.

2

리더는 정말 필요할까?

구글은 최고의 글로벌 IT기업으로 탁월한 역량을 가진 엔지니어들이 기존에 없던 서비스를 만들고, 이를 통해 전 세계를 변혁시키고 있는 기업입니다. 더 혁신적이고, 더 빠르게 성장하는 기업이 되기 위해 구글은 과연 리더의 존재 가치가 있는지 도발적인 실험을 시도한 적이 있습니다.[10]

구글은 '매니저(리더)의 역할을 최소화하거나 없애는 것이 더 효과적이지 않을까'라는 가정을 하고 이를 확인하는 프로젝트를 시작했습니다. 엔지니어들이 방해받지 않고 일할 수 있도록 관리자의 역할을 최소화하고 자유롭게 일할 수 있도록 하는 것이 더 좋은 성과를 만들어 내는 길이라는 가설을 세웠습니다. 그러나 수많은 내부 데이터를 분석하고, 구성원과 리더를 인터뷰하면서 그들은 전혀 다른 결론에 도달합니다.

탁월한 매니저, 리더가 있는 조직이 그렇지 않은 조직에 비해 성과도 높고 구성원의 이직률도 낮으며 훨씬 더 강한 조직 문화를 만들어 지금의 구글을 성장시킬 수 있었다고 말합니다. 그들은 결국 리더를 조직의 새로운 생명과 기운을 일으키는 '산소'같은 역할로 인식하고, 도대체 탁월한 리더는 무엇이 다른가를 알아보기 위한 '산소 프로젝트Oxygen Project'를 추진합니다. 가장 혁신적이고 미래 지향적인 조직인 구글에서도 리더는 단순히 관리하고 통제하는 불필요한 존재가 아니라 탁월한 구성원이 시너지 효과를 낼 수 있게 하고 더 오래 일하게 하며 더 새로운 가치를 만들어 내고 각 개인이 더 행복하고 의미 있게 일하고 성장하게 하는 데 반드시 필요한 존재로 인식하고 있는 것입니다. 구글은 이 프로젝트를 통해 탁월한 리더가 보이는 행동이 무엇인지 찾고, 그것을 조직 내에 확산하는 활동을 지속하고 있습니다.

구글은 탁월한 리더의 행동을 찾아 이를 8가지로 구체화한 후, 다시 2개를 추가해 총 10가지 리더십 행동 가이드를 제시했습니다.

구글 탁월한 리더의 행동 특성

1 좋은 코치되기
2 권한을 부여하고, 마이크로매니징 하지 않기
3 구성원의 성공과 행복(삶의 질)에 관심 보이기
4 생산적이고 결과지향적으로 행동하기
5 소통을 잘 하고, 구성원의 말에 귀 기울이기
6 구성원의 경력 개발을 지원하기
7 명확한 비전과 전략을 제시하기
8 기술적 전문성으로 팀을 지원하기
9 협력하기
10 강한 의사결정자되기

그렇다면 실제 우리가 속한 조직에서 리더에 대한 인식은 어떨까요? 지금처럼 기존의 질서가 작동되지 않고 빠르게 변화하는 환경에서, 또 조직 형태도 더 수평적인 구조를 통해 유연하고 창의적인 것을 지향하는 현 시점에서 리더는 과연 꼭 필요한 존재일까요? 만일 조직에서 리더가 없다면 어떤 일이 벌어질까요? 2023년 국내 기업 직장인을 대상으로 대담하고 도발적인 질문을 던져보았습니다.[II] 먼저 구성원들과 가장 최일선에서 함께 일을 만들어가는 리더에 대한 질문을 했습니다. 조직 내 성과와 구성원의 행복, 그리고 성장 관점에서 리더의 역할은 얼마나 중요한지, 만일 리더가 없다면 어떤 일이 벌어질 것으로 생각하는지 물었

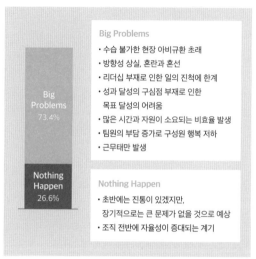

습니다.

　많은 구성원들이 리더의 역할은 중요하고 반드시 필요하다고 인식하고 있었습니다. 응답자의 83%는 리더의 역할은 매우 중요하며 조직 내 리더가 부재한다면 엄청난 혼란과 비효율이 발생하여 결국 목표 달성에 실패할 가능성이 크며, 심지어 구성원의 행복에도 부정적 영향을 미칠 수 있다고 말합니다. 물론 일부 구성원은 리더가 없어도 큰 문제가 일어나지 않으며 장기적으로는 오히려 자율성이 증대되고 더 좋아질 수 있다고 응답하기도 합니다. 하지만 대다수 구성원은 리더가 조직 내에서 수많은 책임을 총괄하며 조직을 이끌고 있고 또한 방향 제시자로서, 문제 해결자로서, 중재자로서 핵심적인 역할을 주도하고 있다고 인정하고 있었습니다.

중간 리더는 단순히 더 상위 리더로 가는 과정에서 잠시 거쳐 가는 역할이 아닙니다. 조직이 지향하는 방향으로 움직이도록 이끌며 가치를 만드는 중추적 역할을 하는 것이 바로 중간 리더입니다. 글로벌 혁신 기업들은 변화의 시기일수록 중간 리더의 역할 중요성을 인식하고 이들이 제 역할을 할 수 있도록 이미 시스템과 제도적인 지원은 물론 인정과 보상, 권한과 재량, 육성 그리고 스트레스 관리와 같은 정신 건강에 이르기까지 다방면에 대한 지원 방안을 고민하고 있습니다.

대부분의 구성원이 리더를 없어서는 안 되는 중요한 역할로 인식하고 있지만 현실에서 리더는 안타깝게도 행복하지 않다고 말하고 있으며, 구성원은 더 이상 리더가 되고 싶지 않다고 말하는 상황이 되었습니다. 이런 상황이 지속된다면 리더의 역할은 제대로 작동될 수가 없을 것입니다. 변화의 시기에 새로운 미래를 만들어 가고 더 성장하기 위해서 우리는 단위 조직 리더가 제대로 역할을 할 수 있는 환경의 구축과 실천 방안을 고민해야 할 필요가 있습니다.

3

리더들이 처한
현실 고민

리더들은 날마다 수많은 도전과 어려움에 직면합니다. 그들이 직면하는 여러 어려움과 고충을 이해해야 현실적으로 적용 가능한 대안을 찾아볼 수 있습니다. 그렇다면 리더들은 지금 어떤 어려움에 직면해 있을까요? 기본적으로 리더는 성과에 대한 책임을 갖고 있는 사람입니다. 높은 성과에 대한 압박으로 많은 스트레스를 경험하기도 합니다. 그렇다고 해도 대부분의 리더들은 이러한 성과와 책임의 문제를 회피하지 않습니다. 일에 대한 책임을 지고 이끌어 가는 것을 리더로서의 역할로 인식하고 있기 때문입니다. 따라서 성과 그 자체가 압박이라기보다는 그 일을 해나가는 과정에서 고민과 이슈가 많다는 것입니다.

2018년부터 2022년까지 국내 기업의 리더 751명을 대상으로 리더들의 애로사항과 고민이 무엇인지 물었습니다.[12]

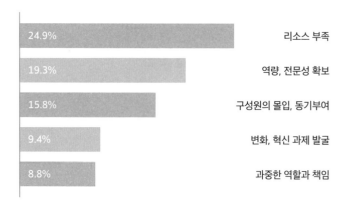

| 리더들의 애로사항과 고민 |

24.9%	리소스 부족
19.3%	역량, 전문성 확보
15.8%	구성원의 몰입, 동기부여
9.4%	변화, 혁신 과제 발굴
8.8%	과중한 역할과 책임

리소스 부족 :
시간과 자원이 부족해요

'시간 빈곤' '시간 거지'라는 말을 들어보셨나요? 리더들이 처한 시간 부족 현상을 대변하는 대표적인 표현이라고 합니다. 많은 리더들은 일관되게 '리소스가 부족하다'고 이야기합니다. 일은 많은데 사람이 부족하다는 것입니다. 해야 할 과제 대비 시간이 너무 부족해서 부담과 압박이 적지 않다고 합니다. 특히 최근많은 조직이 점차 작고 유연하게 움직이면서 소수의 인원으로 구성된 조직이 늘어나는 것이 일반적인 현상이 되고 있습니다. 그럼에도 불구하고 매우 다양한 일을 하다 보니 점점 더 크게 압박을 받고 있다고 토로합니다.

생각해 보면 과거 어느 한순간도 인력과 시간에 여유가 있었던 적은 없었습니다. 늘 인원은 제한적이었고, 시간은 부족했습니다. 그런데 왜 지금은 이렇게 더 크게 어려움을 느낄까요? 사실 과거에는 사람이 좀 부족해도, 시간이 촉박해도 그리 큰 문제가 되지 않았습니다. 왜냐하면 그 빈자리를 리더들이 채울 수 있었기 때문입니다. 그 분야에서 가장 오래 일하고 가장 일을 잘하는, 전문성이 뛰어난 사람이 리더가 되었기 때문입니다. 다소 인원이 제한적이고 시간이 충분하지 않아도 리더들의 경험과 아이디어, 전문성으로 충분히 해결하고 이끌 수 있었습니다.

그런데 문제는 지금 리더들이 직면한 수많은 과제가 리더들도 해 보지 않은 일인 경우가 많다는 데 있습니다. 리더조차 경험이 없고, 그 일에 대해 전문성과 역량이 없는데, 그 와중에 사람도, 시간도 부족한 것입니다. 조직의 특성상 제한된 인력과 시간의 부족은 앞으로도 계속될 텐데 이런 상황에서 리더의 고민은 클 수밖에 없습니다.

구성원의 역량과 전문성 확보 :
구성원의 실력을 어떻게 높일 수 있을까요?

과거에 경험해 보지 않은 새로운 과제를 담당하게 되는 비중이 증가하면서 자연스럽게 새로운 일에 대한 역량과 전문성의 부족을 고민하게 됩니다. 당연히 구성원들도 새롭게 해야 할 일에 대한 경험과 역량이 부족한 경우가 대부분입니다. 리더로서 미래 성장을 이끌 수 있는 전문가를 발굴하고 확보하거나 산하 구성원의 역량을 빠르게 높여야 하는 책임에 직면하게 됩니다. 수많은 리더들이 어떻게 하면 구성원의 역량과 전문성을 높일 수 있을지 고민을 할 수밖에 없는 상황에 놓여 있습니다.

구성원들이 갖고 있는 미래 불안에 대한 가장 큰 고민 역시 성장에 대한 문제입니다. 구성원들은 일을 통해 시장에서 자신의 몸값이 올라가기를 기대합니다. 현 조직을 떠나서도 전문가로서 일할 수 있는지, 그리고 경험이 쌓이고 연차가 쌓이면 더 큰 성장이 가능한지 고민이 될 수밖에 없습니다. 그런데 현재 조직에서 담당하는 일을 통해 성장감을 느끼는 구성원이 생각보다 많지 않다는 데 어려움이 있습니다. 심지어 국내 대기업에서 일하는 구성원조차 일을 통한 성장감을 경험하는 구성원의 비율이 40%를 채 넘지 못하는 실정입니다. 그뿐 아니라 연차가 쌓일수록, 더 오래 일할수록 일을 통한 성장감에 대한 기대가 줄어들고 있다고 말합니다. 미래에 대한 불안은 커지고 있지만 일을 통해 성장감을 경험하고 있지 못할 뿐 아니라 미래에 대한 기대조차 크지 않다고 고백하고 있는 것입니다.

2022년 국내 기업 구성원 1,200명을 대상으로 조직 내 성장에 대한 의견을 물어보니, 구성원들은 리더보다 오히려 동료 구성원을 통한 성장 자극이 더 크다고 이야기합니다.[13] 과거에는 해당 분야에서 가장 많은 경험과 전문성을 갖춘 사람이 리더였고 따라서 구성원들은 리더와 함께 일하면서 리더를 통해 성장하는 경우가 대부분이었지만 이제는 리더가 그만큼의 성장 자극과 기회, 경험을 제공하기가 쉽지 않다는 것을 의미합니다. 많은 리더들이 갖고 있는 최우선 순위 아젠다가 구성원 육성이라는 점에서 리더의 고민이 깊어질 수밖에 없는 이유입니다.

구성원의 몰입과 동기부여 : 구성원의 마음을 얻기가 어려워요

적은 인원으로 제한된 시간에 도전적인 과제를 하기 위해서는, 심지어 과거에 경험해 보지 않아서 아직 그 일에 대한 전문성과 역량을 충분히 갖추지 않은 일을 하기 위해서는 구성원들이 더 깊게 몰입하고 새로운 아이디어로 최선을 다해야만 가능합니다. 그런데 구성원들이 일에 자발적으로 몰입하게 하게 하는 것이 너무 어려워졌다고 리더들은 고백합니다.

MZ세대가 주축을 이루지만 동시에 50대 이상의 고령 인력도 증가하면서 조직은 이미 다양한 세대가 함께 모여 일하는 공간으로 변화하였고, 이들은 서로 다른 가치관을 추구합니다. 세대별 가치관을 형성할 때 가장 중요한 요소 중 하나는 20대 청년기를 보낸 시점이라고 합니다. 각기 다른 성장 과정을 거치면서 삶을 대하는 태도, 직업과 일, 일하는 방식에서 서로 다른 가치가 존재하기 마련입니다. 그래서 리더들은 다양한 가치관을 가진 구성원을 한 마음으로 모으고 일에 몰입하게 하는 것이 쉽지 않다고 이야기합니다.

변화, 혁신 과제의 발굴:
무엇을 해야 할지 모르겠어요

리더가 되면서 달라지는 것이 있다면 더 이상 과제가 주어지지 않는다는 것입니다. CEO나 상사가 과제를 부여하기보다는 오히려 단위 조직 리더에게 무엇을 어떻게 할 것인지를 묻고 리더들의 생각과 아이디어를 요구하는 경우가 대부분입니다. 팀원 시기에는 과제가 비교적 명확했고, 그 과제를 효율적으로 추진해서 기대 목표를 달성하는 데 주력하면 되었습니다. 그런데 리더가 되고 나니 어느 누구도 과제를 명확하게 제시하는 사람이 없고 오히려 리더로서 변화와 혁신을 위한 과제를 발굴해야 하는 어려움이 있다는 것입니다. 스스로 혁신 과제를 발굴해서 상사와 구성원을 설득하고 필요 자원을 확보해 일을 추진해야 하는데 솔직히 무엇을 해야 할지 잘 모르겠다고 고백하는 리더들이 많아지고 있습니다. 변화의 폭과 속도도 빠르고, 늘 새로운 과제를 수행하면서 지금까지 왔는데 또 다른 새로운 성장을 어디에서, 어떻게 시작해야 할지 잘 모르겠다는 것입니다.

이런 현상은 최근 리더십 진단 결과를 분석해 보더라도 곳곳에서 목격되고 있습니다. 리더십 진단 중 주관식 메시지를 분석해 보면 과거 대비 부쩍 늘어난 것이 있습니다. 그것은 '명확한 지침과 가이드' 그리고 '방향 제시'에 대한 요구가 이전에 비해 훨씬 증가하고 있다는 것입니다. 이것은 무엇을 의미할까요? 리더들이 기대만큼 명확한 가이드나 방향을 제시하는 것에 어려움을 겪고 있다는 것을 보여줍니다. 리더가 안 하는 것이 아니라 못하고 있다는 것입니다. 이런 현상은 단위 조직 리더만의 문제는 아닙니다. 기업을 이끄는 CEO조차 미래의 비전을 만들기 어렵다고 고백합니다. 이제는 더 이상 리더가 비전을 만들고 새로운 방향으로 이끄는 것이 쉽지 않은 시대로 접어들었기 때문입니다. 이러다 보니 리더로서의 어려움과 책임 및 부담이 과중할 수밖에 없다고 이야기합니다.

과중한 역할과 책임 :
너무 많은 과제와 책임으로 소진되고 있어요

단위 조직 리더는 담당 조직의 성과는 물론, 조직과 사람 관리에 대한 전적인 책임을 집니다. 일은 점점 더 복잡하고 어려워지고 있고 불명확하고 모호한 것도 늘어나며, 심지어 수시로 변하기도 합니다. 그렇지만 일의 결과에 대한 기대와 요구는 점점 더 높아지고 있습니다. 불확실성이 커지는 만큼 경쟁도 심해지고 결과에 대한 부담과 압박 역시 결코 적지 않습니다.

사회는 점점 일과 삶의 균형을 중요하게 여기고 있으며 특히 MZ 구성원들에게는 이미 매우 중요한 가치가 되고 있습니다. 법적으로도 주 52시간 상한제에서 일하는 구조이다 보니 일의 난이도는 높아졌지만 과거 대비 더 적은 시간으로, 더 스마트하게 일해야 합니다. 일하는 방식도 달라져서 이제는 자율좌석제, 유연근무제, 거점오피스, 재택근무처럼 구성원이 같은 공간과 시간에서 일하는 구조가 아닌 경우도 많습니다. 서로 다른 공간에서, 서로 다른 시간대에서 유연하게 일하는 구조로 움직이고 있습니다.

미래 변화에 필요한 방향이지만 그 과정에서 리더의 부담과 고민은 더 늘어나게 됩니다. 많은 과제들이 결국 책임의 끝자락에 있는 리더에게 몰리고, 결국 리더가 늦은 시간까지 남아 마무리하는 것이 일상화되고 있다고 합니다. 주 52시간을 기준으로 월 최대 근무 시간이 208시간이라고 할 때 이렇게 일하는 사람의 약 80%가 리더이며, 이런 일상에서 리더들은 점차 소진되고 있다고 합니다.[14]

그런데 이 모든 고민과 어려움을 관통하는 메시지가 있습니다. 그것은 더 이상 정답 없는 시대, 과거의 질서가 통하지 않는 시대로 접어들었다는 것입니다. 이것을 뷰카VUCA: Volatile, Uncertainty, Complex, Ambiguous 시대라고 부릅니다.

변동성이 폭발적으로 증가하고 불확실하며 복잡하고 애매한 일이 점점 가득해지고 있습니다. 이처럼 정해진 답이 없고 불확실성이 큰 맥락에서 리더들은 새로운 성장과 구성원의 행복을 이끌어야 하다 보니 고민과 큰 어려움에 직면할 수밖에 없는 현실입니다. 그렇기 때문에 지금 우리가 처한 맥락을 보다 더 잘 이해할 필요가 있습니다. 그리고 이러한 맥락에서 새롭게 요구되는 리더십이 무엇인지를 다시 한번 근본적으로 고민할 필요가 있습니다.

4

리더로서 연차와 경험이 쌓이면
리더십도 좋아지지 않을까?

모든 것이 불확실하고 변화가 큰 시기에 지속적으로 성장을 이끄는 리더가 된다는 것은 쉽지 않은 일입니다. 하지만 리더십이라는 것도 연차가 쌓이고 경험이 축적되면 좋아지지 않을까요? 리더 역할을 하루이틀만 하는 것도 아니고 비교적 긴 기간 하게 될 텐데 이것도 반복해서 하다 보면 리더십도 좋아질 수 있지 않을까요?

그런데 안타깝게도 데이터는 이런 기대와는 상반된 결과를 보여줍니다. 2005년부터 2022년까지 약 14,900명의 임원과 팀장을 대상으로 시행한 리더십 진단 결과를 분석해 보면 리더로서의 경험 연차와 리더십 수준에는 상관관계가 거의 없다는 것을 확인할 수 있습니다. 즉 리더로서의 경험이 많다고 해서 리더십이 더 좋다거나 리더 연차가 적다고 해서 반드시 리더십 수준이 형편없는 것은 아니라는 것입니다. 결국 리더십이란 의도를 가지고 개발하고 훈련하지 않으면 저절로 좋아지지 않는 특성을 보입니다. 일상적으로 기존과 같은 방식을 반복해서는 결코 리더십이 개선되지 않기 때문입니다.

혹자는 이런 궁금점이 생길 수도 있습니다. '리더십이란 것이 어쩌면 변하지 않는 고유한 속성이라서 원래부터 리더십이 좋은 사람과 아무리 노력해도 그저 그렇거나 부족한 사람이 있는 것은 아닌가?' '어차피 변하지 않는 속성이라면 생긴 대로 자기 팔자대로 해야지 굳이 노력할 필요가 있을까?'라고 말입니다. 실제 리더십 연구에서도 리더십의 유전적 영향력에 대해 일정 부분 인정하고 있는 만큼 전혀 그렇지 않다고 말할 수는 없을 것입니다. 그러나 리더십 데이터를 추적해 보면 리더십의 수준은 고정된 것이라기보다는 끊임없이 역동적으로 변화하고 있다는 것을 알 수 있습니다. 상황에 따라, 과제에 따라, 리더의 관심과 노력에 따라 리더십의 방향과 수준은 좋아지기도 하고, 경우에 따라 오히려 더 악화되기도 했습니다. 이것은 리더십이 고정된 고유한 특성이라기보다는 끊임없이 역동하면서 변화하는 것임을 보여줍니다.

결국 리더십이란 리더가 의도를 가지고 변화의 방향을 찾아 지속적인 개선 노력을 할 때 변화가 일어날 수 있다는 것입니다. 따라서 리더는 자신이 가진 리더십의 현 위치와 영향력을 지속적으로 센싱해서 이를 더 의미 있고 가치 있게 발현되도록 의도적인 관심과 노력을 기울일 필요가 있습니다. 대부분의 리더는 가치 있게 일하고 더 좋은 성과를 내며 긍정적인 관계와 영향력을 발휘하고자 노력합니다. 그런데 리더로서의 일은 늘 만만치 않고 요구와 도전도 크다 보니 자신이 기대했던 모습과 다르게 말하고 행동하는 모습이 자주 목격되기도 합니다.

저절로 좋아지지 않는 것이 리더십인 만큼 리더 스스로가 먼저 의도를 갖고 변하려는 노력을 실천할 필요가 있습니다. 각 조직은 저마다 처한 상황이 다르고 지향하는 방향과 일하는 방식도 다릅니다. 리더로서 더 즐겁고 의미 있는 역할을 하기 위해 무엇이 필요한지에 대해 스스로 고민하고 방향을 정해보는 시간과 기회가 필요합니다.

또한 리더십의 이슈는 리더만의 몫이 아닙니다. 그러기에는 리더가 처한 환경이 너무 어렵고 엄중하며, 리더가 미치는 영향력이 지대하기 때문에 조직 차원에서도 의도를 가지고 단위 조직 리더의 리더십을 도울 수 있어야 합니다. 단위 조직의 리더는 늘 시간 빈곤에 처해 있습니다. 해야 할 일은 많은데 시간이 부족하고 자원도 부족합니다. 시간이 부족한 리더에게 좋은 리더십을 기대하는 것은 지나친 요구일 수밖에 없습니다. 전사全社 차원에서 의도를 가지고 시간과 기회를 만들어 리더들이 자신의 리더십을 돌아볼 수 있는 공간을 만들어야 합니다. 특히 함께 일하는 차상위 리더(가령, 임원)가 적극적으로 도울 수 있게 해야 합니다.

리더십의 질이 경험 및 연차와 상관관계는 없지만 그럼에도 반복적으로 확인되는 사항이 있습니다. 그것은 보임 초기에 매우 고전하는 리더들이 많다는 것입니다. 이는 리더로서의 역할 전환이 일어나는 시점에 시행착오로 인해 발생하는 어려움이 크기 때문입니다. 그래서 리더의 역할은 어느 날 갑자기 던져지듯 시작하는 것이 아닌 미리 연습하고 준비하는 과정이 필요합니다.

리더의 삶을 선택하고 새로운 변화를 만들어 가는 과정에서 우리는 의도를 가지고 좋은 리더십을 향해 움직일 필요가 있습니다. 그런데 이 리더십의 방향이 이전과는 달라지고 있습니다. 이제 그 변화의 방향을 살펴볼 필요가 있습니다

5

환경의 영향은
생각보다 크다

리더십을 이야기할 때 보통은 리더가 어떻게 행동하고 변화할 것인지를 우선적으로 고민하게 됩니다. 리더가 변하면 그 영향력으로 조직이 바뀌고 의미 있는 변화가 이루어질 것으로 기대하기 때문입니다. 이러한 인식을 리더십 연구에서는 '리더십 로맨스Leadership Romance'라고 합니다. 리더에게 모든 현상의 원인과 결과에 대한 책임을 전가하고, 모든 것을 리더 개인의 이슈로 판단하는 것입니다. 그렇지만 리더십이 리더만의 문제는 아닙니다. 리더십이란 다른 사람을 통해 더 의미 있는 가치와 결과를 만들어 내기 위한 영향력인 만큼 다른 사람과 함께 일하는 맥락에서 발현되기 마련입니다. 따라서 리더십의 이슈는 함께 일하는 구성원, 상사를 비롯한 주요 이해관계자와의 관계를 함께 고려해야 합니다. 이뿐만이 아닙니다. 리더십이 발현되는 환경인 맥락도

중요한 영향을 미칩니다. 그래서 리더십은 리더, 구성원, 환경이라는 3요소 간의 상호작용에서 발현되는 영향력으로 보는 것이 더 합리적입니다. 특히 리더가 처한 상황에서 환경적 맥락이 미치는 영향은 리더십 발휘에 있어 생각보다 크게 작용합니다.

상황과 맥락의 영향력을 잘 보여주는 연구가 있습니다. 미국 사회심리학자인 존 달리John Daley 교수는 다니엘 뱃슨 박사Daniel Batson와 함께 프린스턴 대학 신학과 학생을 대상으로 재미있는 실험을 하게 됩니다.[15] 이 두 학자는 신학과 학생을 대상으로 소위 '선한 사마리아인'이라는 성경 스토리를 기반으로 한 실험을 진행합니다.

성경에 나오는 '선한 사마리아인'의 내용은 이렇습니다. 예수님이 제자들을 가르치는 과정에서 '누가 사람들의 진정한 이웃인가?'를 한 에피소드를 통해서 설명합니다. 어떤 사람이 지나가다가 강도를 만나 상해를 입고 쓰러지는 일이 발생합니다. 누군가이 사람을 돕지 않으면 아마도 생명이 위험할지 모르는 상황입니다. 마침 그때 그 길을 지나가는 세 사람이 등장합니다. 첫 번째는 당시 정치 지도자에 해당하는 사람이었다고 합니다. 그런데이 사람은 쓰러진 사람을 보고도 못 본 체 지나갑니다. 그리고 두번째 사람이 지나갑니다. 이 사람은 종교 지도자로서 사회적으로 존경받는 계층입니다. 그런데 이 사람도 못 본 체 그냥 지나갑니다. 마지막 세 번째 사람은 사마리아 지역에 살고 있는 사마리아인이었습니다. 당시 사마리아인은 이스라엘 사람들에게 천대받는 사람들이었다고 합니다. 앞서 그냥 지나갔던 정치 지도자와종교 지도자는 사회적으로 존경받는 사람이었던 반면 사마리아인은 소외되고 차별받던 사람이라고 볼 수 있습니다. 그런데 이사마리아인이 쓰러진 사람을 돕고 살려냅니다. 이 에피소드를 통해 예수님은 제자들에게 누가 진정한 이웃이고 친구인지를, 그리고 어떻게 행동해야 하는지를 가르칩니다.

다시 실험 이야기로 돌아오겠습니다. 존 달리 교수와 다니엘뱃슨 박사는 프린스턴 대학 신학과 학생 67명을 대상으로 앞서이야기한 선한 사마리아인 스토리와 동일한 상황을 구현해 놓고,과연 누가 다른 사람을 돕는 선행을 하는지에 대한 연구를 진행합니다. 타고난 특성인 성격과 환경적 요인 중에서 어느 것이 더 큰 영향을 미치는지 확인해 보고자 했던 것입니다.

먼저 성격 특성에 따라 행동의 차이가 있는지를 확인하기 위해 검사를 통해 신학과 학생들의 성격 특성을 진단했습니다. 그리고 신학과 학생들에게 다른 건물에 있는 녹음실에서 과제를 녹음하도록 요구합니다. 이때 이들을 두 개 집단으로 나눕니다. 첫 번째 그룹에게는 자신이 가장 선호하고 잘할 수 있는 직업이 무엇인지를 질문하고, 이에 대해 녹음하도록 요청합니다. 그리고 두 번째 그룹에게는 선한 사마리아인 스토리에 대해 녹음하도록 과제를 부여합니다.

그리고 여기에 '시간'이라는 한 가지 조건을 더 적용하여 두 개의 그룹을 다시 각기 다른 시간 조건을 가진 세 개의 그룹으로 구분합니다. 첫 번째 그룹의 경우 '여유 있는' 시간 환경을 제공합니다. '지금 가면 시간적으로 조금 여유가 있는데 먼저 가서 기다렸다가 녹음을 하고 오세요'라고 지시합니다. 두 번째 그룹은 '보통'의 시간 환경을 제공합니다. '지금 가면 시간이 맞을 테니 가서 녹음하고 오세요'라고 지시합니다. 마지막으로 세 번째 그룹은 '시간이 매우 촉박한 환경'을 제공합니다. '녹음실 담당 선생님이 이후 스케줄이 있어서 지체하면 안 되는데 이미 시간이 늦었으니 서둘러 가서 녹음하고 오세요'라고 지시합니다. 이렇게 서로 다른 내용(진로, 선한 사마리아인 관련 녹음), 서로 다른 시간 조건(여유 있는, 보통의, 급한)을 가지고 과제가 진행됩니다.

그리고 진짜 실험은 이들이 녹음하러 가는 길목에서 진행되었습니다. 건물 특성상 녹음실로 가기 위해서 반드시 통과해야 하는 통로가 있는데 이곳에 연기자를 투입하여 실험자가 지나갈 때 앞서 이야기한 선한 사마리아인의 스토리처럼 한 사람이 쓰러지는 모습을 목격하도록 한 것입니다. 그리고 누가 이 사람을 도와주는지가 바로 진짜 실험이었습니다.

결과를 보기 전에 한번 질문을 해 보겠습니다. 누가 도왔을까요? 사람의 성격은 결과에 영향을 미쳤을까요? 사람의 성격 특성에 따라 돕는 정도가 달랐을까요? 결과는 별다른 차이가 없었습니다.

그럼 녹음 내용 차이에 따른 결과를 살펴보겠습니다. 진로에 대해 녹음을 했던 사람들과 선한 사마리아인의 설교 스토리를 녹음한 두 집단 간에는 어떤 차이가 있었을까요? 이 질문에 많은 사람들은 진로에 대해 녹음을 했던 그룹보다는 '선한 사마리아인' 설교 녹음을 한 그룹의 사람들이 더 많이 도와주었을 것으로 예상했습니다. 어쩌면 당연한 예상이기도 합니다. 왜냐하면 선한 사마리아인 이야기에서 보여주듯 위기에 처한 누군가를 돕는 것은 종교적으로 매우 중요한 가치이고, 이를 가르치고 전파하는 예비 종교인인 만큼 이를 녹음하는 사람에게 더 크게 영향을 미쳤을 가능성이 크기 때문입니다. 그러나 놀랍게도 결과에는 의미 있는 차이가 없었습니다. 거의 같았다는 것입니다.

그렇다면 시간 조건의 차이는 다른 결과를 보였을까요? 네, 여기에서는 매우 다른 결과를 보여줍니다. 먼저 시간적 여유가 있었던 그룹은 약 63%가 가던 길을 멈추고 도와줍니다. 보통의 시간 그룹은 45%가 도와준 반면 매우 급한 시간 그룹의 경우 참가자의 10%만이 쓰러진 사람을 도와줍니다.

이 실험은 사람의 행동을 이해하는 데 큰 영향을 미칩니다. 아무리 의미 있고 중요하고 필요한 행동이라도 그 사람이 처한 상황과 맥락이 사람의 행동에 미치는 영향은 생각보다 크다는 것입니다. 특히 시간이라는 요소는 사람의 행동에 강력한 영향을 미칩니다. 바쁘고 촉박한 시간에 쫓기면 '터널 효과'와 같이 다른 것을 보지 못하고 평상시와 다른 행동을 할 수 있다는 것입니다. 이는 리더십 행동을 이해하는 데도 큰 시사점을 제공합니다. 리더가 시간 빈곤에 허덕이고 바쁘면 제대로 된 리더십을 발휘하기 쉽지 않은 것도 이와 마찬가지입니다. 우리는 그동안 리더십 문제를 고려하는 데 있어 리더 개인에게만 초점을 맞추는 경향이 있었습니다. 그러나 리더가 처한 환경적 맥락 또한 리더의 행동에 결정적 영향을 미치기도 하는 만큼 새로운 리더십의 변화를 고민할 때에는 리더들이 직면하고 있는 다양한 환경적 변화의 모습을 제대로 이해할 필요가 있습니다.

그렇다면 리더의 리더십 행동에 영향을 미치는 최근의 환경은 어떤 모습일까요? 최근 급격하게 변화하는 환경적 맥락은 무엇이고, 이러한 환경 변화의 시그널은 리더에게 어떤 행동을 요구하고 있을까요? 그 변화의 시그널을 살펴보도록 하겠습니다.

정답 없는 세상에서 리더로 살아가기

6

환경 변화 시그널

혁신의 주체가 달라지고 있다

최근 우리의 관심사는 변화와 혁신입니다. 날마다 새로운 기술이 등장하고, 새로운 기술은 과거의 모든 질서를 새로이 바꾸는 파괴적 영향력을 발휘하곤 합니다. 새로운 서비스와 제품을 통해 시장의 판도가 바뀌기도 하고 새로운 비즈니스 모델로 산업의 지형도가 바뀌기도 합니다. 그렇다면 이러한 혁신은 누가 주도하고 있을까요?

최근 혁신의 주체는 대기업에서 작고 빠른 스타트업으로, 리더에서 구성원으로 이동하고 있습니다. 과거에는 기술과 자본, 인력을 갖고 있는 대기업이 주도적으로 혁신을 이끌어 왔다고 해도 과언이 아닙니다. 기업 집단을 피라미드 구조로 그리면 가장 상층부에 대기업이 위치하면서 가장 우수한 인재와 자본을 끌어당겨 막대한 투자를 기반으로 새로운 혁신을 이끌어 왔습니다. 한때 제너럴 일렉트릭General Electric Company, GE이 그러했고 제너럴 모터스General Motors Corporation, GM, 도요타Toyota와 같은 기업이 변화와 혁신을 주도했습니다. 그러나 지금은 오히려 아이디어로 무장된 작은 스타트업이 모든 혁신과 변화를 주도하고 있는 상황입니다.

기업 피라미드 지형도 변하고 있어서 대기업은 더 이상 상층부에 위치하지 않고 중간 또는 더 아래로 내려가고 있으며 상층부에는 IT 강자나 스타트업, 금융 자본 기업 등이 차지하고 있는 모습을 보여줍니다. 최근 미국을 비롯해 전 세계적으로 나타나고 있는 '대퇴사Great Resignation' 현상으로 많은 직장인들이 대거 새로운 곳을 떠나 이동하고 있는데 오히려 대기업에서 스타트업처럼 새로운 변화와 혁신을 만드는 곳으로 우수한 인재가 이동하는 경우가 많다는 것입니다.

또 다른 측면에서 혁신의 주체가 리더에서 구성원으로 전환되고 있는 현상도 강해지고 있습니다. 과거에는 리더들이 혁신의 중심에 있었습니다. 왜냐하면 리더들이 그 일에 가장 오랜 경험을 갖고 있고 일에 대한 전문성이 높다 보니 새로운 아이디어에 기반한 혁신에 보다 가까이 있었기 때문입니다. 많은 기업의 성장 스토리를 들어보면 미래에 대한 원대한 비전과 역량을 갖춘

정답 없는 세상에서 리더로 살아가기

리더들이 혁신과 성장의 가장 중요한 역할을 해 오고 있었다는 것을 보여줍니다. 그런데 이제는 더 이상 리더들이 비전을 제시하기 어려운 시대로 가고 있습니다. 최근 직면한 환경 및 과제가 리더들이 과거에 경험하지 못한 새로운 것일 때가 많다 보니 오히려 리더보다 구성원의 다양한 상상력과 아이디어가 더 큰 역할을 하는 시대라는 것입니다.

아마존은 온라인 서점으로 시작했지만 지금은 전 세계에서 가장 영향력이 큰 IT 기업이자 플랫폼 기업입니다. 아마존의 사업 구조에서 가장 큰 사업은 가상 클라우드 사업인 AWSAmazon Web Services입니다. AWS는 2022년 기준 아마존 매출의 약 12%에 불과하지만 영업이익으로는 58%에 해당할 만큼 가장 높은 수익을 창출하고 있는 사업이며, 클라우드 서비스 중 세계 1위를 차지하고 있습니다.

많은 사람들은 이러한 새로운 사업에 대한 비전과 실행을 최고 경영진 또는 고위급 임원의 역할로 인식하는 경향이 있지만 사실 이 사업을 처음으로 제안하고 구체화하는 데는 벤자민 블랙Benjamin Black이라는 당시 아키텍처 담당 엔지니어의 역할이 가장 컸다고 알려져 있습니다.[16] 당시 내부 IT 인프라 담당 업무를 하던 벤자민 블랙은 가상 클라우드 서비스가 내부 인프라 역할을 넘어 유휴 공간을 사업에 활용하게 할 수 있을 것이라는 아이디어를 생각해 내고, 이를 상사인 크리스 핑크햄Chris Pinkham에 전달합니다. 지금은 너무나 당연하고 수익성이 좋은 사업이지만 초기 아이디어가 발아한 시점으로 돌아가면 이 사업은 사실 오히려 리스크가 크고 고려해야 할 사항이 너무 많은 위험한 사업일 수도 있었습니다. 그런데도 벤자민 블랙의 아이디어를 직속 상사인 핑크햄이 수용하고, 이를 다시 CEO인 제프 베이조스Jeff Bezos에게 전달하기에 이릅니다. 베이조스도 이 사업이 갖는 기회와 위협을 고려하였지만 결국 이를 본격 추진하면서 사업은 빛을 보게 됩니다.

세계 최고 기업인 아마존의 AWS 사업은 혁신의 상당 부분이 이처럼 구성원의 창의적인 아이디어가 구체화되는 과정에서 비롯되는 경우가 많다는 것을 보여주는 대표적인 사례입니다. 물론 여기에는 구성원의 탁월한 아이디어를 놓치지 않고 기회로 만든 리더의 역할도 매우 컸다고 할 수 있습니다.

그러나 중요한 것은 이와 같이 판을 바꾸는 아이디어와 기술 및 혁신은 이제 리더보다는 구성원에게서 나오고 있다는 사실입니다. 이것은 더 이상 리더의 과거 경험과 지식 및 전문성만으로는 혁신이 어려운 시기에 직면했다는 것을 의미합니다. 다양한 구성원의 혁신과 변화 열망, 아이디어가 겉으로 드러나고 발현되어야 가능하기 때문입니다. 이렇게 변화된 환경에서 리더들은 어떻게 역할을 수행하며 새로운 가치를 이끌어야 할까요? 과거와 다르게 새롭게 강조되거나 고민해야 할 영역은 무엇일까요?

기업 경영 목적 함수의 전환

우리나라에 전경련이나 대한상공회의소와 같은 기업 경영자 연합체가 있다면 미국에는 BRTBusiness Roundtable가 있습니다. BRT 는 미국 200대 기업의 최고 경영자들이 모여 기업 경영의 목적 과 방향을 논의하고 실천 가이드를 제공하는, 실질적으로 전 세 계 경영에 의미 있는 영향력을 행사하는 모임입니다. 이 BRT는 1997년 '주주이익 극대화'를 기업 경영의 본질적 목적으로 정 하고 이에 기반한 새로운 경영 질서를 강조해 왔습니다. 그런데 2019년 8월, BRT는 기존의 목적과 질서를 뒤로하고 새로운 미션 을 천명합니다. '기업은 존재 이유, 즉 목적을 실현시킴으로써 이 익이 따라오도록 한다'고 강조하며 주주 이익 극대화가 아닌 이 해관계자의 이익을 우선할 것을 천명한 것입니다. 만일 이해관계 자의 이익이 충돌하게 되면, '고객 > 구성원 > 비즈니스 파트너 > 공동체 > 주주' 등의 순서를 따를 것을 제시하며 기업 경영의 목 적이 단순히 경제적 가치만을 추구하는 것이 아닌 사회적 가치 를 포함한 관점으로 전환되었다는 것을 보여줍니다.

최근 세계적으로 ESGEnvironment, Social, Governance가 경영의 화두 로 주목받고 있습니다. 환경, 사회, 기업의 지배구조가 보다 건강 하고 지속가능한 관점에서 새로운 비즈니스 모델로 전환하고 있 는 것입니다. 고객도 자신이 추구하는 가치와 정체성이 같은 회사를 선호하고, 소비하는 문화로 가고 있습니다. 보다 친환경적인 기업, 사회적 문제를 해결하며 가치를 창조하는 기업, 기업 경영의 지배구조를 투명하고 공정하게 운영하는 기업을 신뢰하며 이러한 기업을 중심으로 소비하는 문화가 자리잡고 있는 것입니다.

지금까지 대부분의 기업은 경제적 이익의 관점에서 최적화된 사업 구조와 운영 방식을 유지해 왔으나 이제 경영 패러다임의 변화에 맞추어 새로운 전환을 요구받고 있는 것입니다. 기업이 추구해야 할 본질적 목적과 사명이 무엇인지, 그리고 이를 구현하기 위한 비즈니스 모델을 어떻게 새롭게 구축할 것인지, 또 현실화할 수 있는 제도와 시스템, 일하는 방식, 실행 역량을 어떻게 이끌것인지 리더에게도 이제 새로운 도전이 시작되고 있는 것입니다.

노동 및 고용 시장의 변화

2020년 세계경제포럼World Economic Forum, WEF은 최근 디지털 테크놀로지의 진화에 따라 기업 현장에 급격한 변화가 진행되고 있다고 말합니다.[17] 노동·고용 시장의 구조와 경계가 해체되고 있으며 인구 구조의 급격한 변화에 따라 우수 인재의 확보·유지 및 몰입을 위한 새로운 도전에 직면하고 있다는 것입니다. 특히 코로나19로 인한 팬데믹은 이러한 변화를 가속화시켰습니다. 각 기업의 비즈니스 환경을 구성하는 핵심축으로써 일, 노동·고용 인력, 일하는 공간의 변화가 이루어지고 있으며 이로 인해 리더의 새로운 역할 변화 필요성이 대두되고 있습니다.

먼저 기존에 당연하게 받아들였던 일터 환경 및 일하는 방식의 급격한 변화가 일어나고 있습니다. 그동안 일은 같은 시간, 같은 공간에서 함께 일하는 구조였다면 이제는 각자가 가장 높은 생산성을 발현할 수 있는 곳이 업무 장소이고, 가장 창의적이고 혁신적 아이디어를 갖고 참여할 수 있는 시간이 근무 시간이 되고 있습니다. 결국 일을 위한 시간적, 공간적 제약이 사라지면서 과거와는 전혀 다른 형태의 업무가 나타나고 있습니다. 비대면 업무가 일상화되면서 구직 및 채용 활동에도 지리적 경계가 점차 사라지거나 약해지고 있습니다. 한국에 살면서 미국 실리콘밸리 지역에 위치한 회사에 입사하고 일할 수 있는 환경이 도래한 것입니다.

기업 입장에서는 기회이자 동시에 위기이기도 합니다. 국가와 지역의 경계를 넘어 우수 인재를 확보할 수 있는 것은 장점인 반면 언제든 우리 회사의 우수 인재가 이탈할 가능성도 커졌기 때문입니다. 최근 일부 회사에서 재택근무 비중을 줄이자 많은 우수 인재들이 매우 빠르게 이탈하는 현상이 나타나기도 했습니다.

지금까지 당연하게 여겼던 일상이 더 이상 작동되지 않거나 새로운 변화가 필요한 지점으로 빠르게 이동하고 있습니다. 특히 코로나 팬데믹을 경험하면서 우리는 의도하지 않았지만 '강제된 혁신'을 경험하게 되었고, 기존에는 생각하지도 못했던 많은 것들이 가능해졌을 뿐 아니라 새로운 일상으로 자리잡고 있는 중입니다.

또한 노동·고용 구조도 매우 다양화되고 있습니다. 과거에는 특정 회사에 소속되이 정규직으로 일하는 것이 일반적 형태였다면 이제는 자신의 전문성에 기반해 필요한 프로젝트에 전문가로 참여하는 긱 노동자Gig Worker 기반 업무 형태도 등장하고 있습니다. 이들은 특정 회사나 조직에 한정되어 일하기보다는 다양한 회사와 일하면서 자신의 전문성을 충분히 발산하며 일하는 것을 선호하는 사람들입니다. 심지어 그룹 내에 인재 시장 시스템Talent Marketplace System을 구축해 놓고, 각 구성원이 보유한 전문성 영역에 따라 회사 및 일을 선택하여 일할 수 있는 기회를 만들기도 합니다. 회사는 더 유연해지고, 각 구성원은 명확한 자기 강점과 전문성을 축적하여 과제 및 프로젝트에 따라 움직이며 일하는 방식이 확장되고 있는 것입니다.

인구 구조도 매우 빠르게 변화하고 있습니다. 고령화 속도가 빨라지면서 MZ세대로 대변되는 밀레니얼 세대가 그 빈자리를 채우고 있습니다. 2023년 기준 기업에서 MZ세대가 차지하는 비중은 50%를 넘어서고 있고, 그 역할도 더 커지고 있습니다. 서울대 신재용 교수는 MZ세대는 성장 과정에서 제한된 기회로 인한 치열한 생존 토너먼트식 경쟁에 노출되었던 만큼 공정과 투명을 무엇보다 중요한 가치로 인식하는 특징을 보인다고 강조합니다.[18] 그러다 보니 과거의 관행이라는 이유로 이루어지는 불합리와 불공정을 더 이상 용납하지 않는 모습을 보이고 있고, 이는 또 심각한 갈등의 요소가 되기도 합니다.

2022년 딜로이트에서 수행한 MZ세대 설문조사에 따르면 이들이 직장을 선택할 때 가장 중요하게 인식하는 가치는 일과 삶의 균형, 성장, 경쟁력 있는 보상, 긍정적인 조직문화 등으로 과거와는 그 가치의 우선순위가 달라지고 있다는 것을 보여줍니다.[19] 자연스럽게 새로운 세대가 등장하고 역사의 주인공이 되면서 이들을 중심으로 한 새로운 시대정신이 부각되고 있습니다. 이제 기업도 새로운 시대정신에 맞추어 기업의 경영 원칙과 지배구조 등 조직 운영 방식을 변경하지 않으면 안 되는 시기를 마주하고 있습니다.

무엇보다 일 그 자체에 급격한 변화가 현실화되고 있습니다. AI를 비롯한 디지털 테크놀로지의 진화는 그동안 많은 노동력이 필요했던 일을 자동화하거나 로봇 등의 기술을 통해 더 뛰어난 생산성과 효율성을 구현해 내고 있습니다. 2022년 말 등장한 ChatGPT는 기술 진화의 상상이 이제는 현실이 되었음을 단적으로 보여줍니다. 인간보다 더 스마트하고 심지어 더 창의적이기도 합니다. 이미 글로벌 선진 기업들은 이러한 기술 진화에 따른 일의 변화를 민감하게 센싱하고, 이를 능동적으로 대응하기 위한 준비를 빠르게 추진하고 있습니다.

다국적 기업인 유니레버Unilever는 그동안 관행적으로 해 왔던 일을 다시 설계하면서 자동화 영역과 아웃소싱의 영역, 그리고 구성원의 창의성과 전문성을 갖고 수행해야 하는 영역으로 구분하고, 이를 실행할 수 있는 구조로의 전환을 추진하고 있습니다. 이에 따라 미래 일의 관점에서 새롭게 요구되는 업스킬Upskilling과 리스킬Reskilling을 지원하며 변화를 주도하기 위한 방안을 고민하고 있습니다.

새로운 기술의 진화와 진보는 우리 삶에 편리함을 주지만 준비되지 못한 사람에게는 오히려 위험 요인으로 다가오기도 합니다. 새로운 변화 환경에서 리더는 업業의 정체성에 맞게 담당 업무를 재설계할 수 있어야 합니다. 무엇을 하고자 하는지 본질적 목적에 기반해 일을 새롭게 디자인하고 일하는 방식과 문화를 업그레이드해야 합니다.

각성된 자아, 거대화된 자아감 확산

2007년 나오미 클라인Naomi Klein의 『쇼크 독트린THE SHOCK DOCTRINE』의 이야기를 빌려 보면 세상의 변화라는 것은 점진적이기보다는 '기존의 질서가 완전히 무너지는 재앙이 닥쳤을 때 비약적으로 이루어진다'고 합니다.[20] 엄청난 재난과 쇼크가 벌어지면 사람들의 뇌가 마치 백지처럼 기존의 모든 질서를 잊어버리게 되는데 이처럼 기존의 모든 고정관념과 질서가 무너질 때 새로운 세상을 그려낼 수 있다는 것입니다. 나오미 클라인은 경제적 관점에서의 재앙이 세상을 어떻게 바꾸고 있는지를 설명했지만 우리는 코로나19로 인한 팬데믹 경험을 통해 이러한 흐름을 온몸으로 체감하고 있습니다.

코로나19는 기존에 당연시되었던 것이 불가능한 환경이 되면서 자연스럽게 '본질'에 대한 깊은 성찰을 하는 계기가 되었습니다. 기업은 어떨까요? 지금까지 단 한 번도 의심하지 않았던 일과 일하는 방식들이 불가능하게 되면서 우리는 의도하지 않았지만 '강제된 혁신'을 경험하게 되었고, 이 과정에서 각 개인들은 새로운 삶의 가치와 방식에 대해 '각성'하게 되었다고 말합니다. 각성된 자아는 결코 과거와 같은 방식의 삶을 답습하거나 기존 관행에 머물 수가 없습니다. 더 이상 불합리와 불공정, 불투명과 불편을 참고 견디기보다는 자신의 목소리를 내며 자신이 각성한 새로운 방향을 거침없이 드러냅니다.

기존에는 소수의 사람이 각성하더라도 각 개인의 힘이 미미했습니다. 큰 변화를 만들기에는 더 많은 시간이 필요했고, 더 많은 축적이 요구되었습니다. 그런데 SNS와 같은 기술의 발전은 개개인의 미미한 힘을 모아 거대한 힘으로 응축되어 폭발할 수 있는 기회를 만들어 내고 있습니다. 소위 '거대화된 자아'의 모습으로 세상의 변화를 움직이고 있는 것입니다. 이미 기업을 포함한 사회 곳곳에서 과거에는 미미했던 구성원의 의견이 지금은 거대화된 힘의 모습으로 변화를 요구하기 시작했고 변화를 만들어 내고 있습니다.

이와 같은 각성된 자아, 거대화된 자아는 공정과 투명을 추구하는 조직 민주주의의 확산으로 이어지고 있습니다. 조직 가치에 순응하기보다는 개인 가치와 욕구를 중시하기 시작했고 이것이 전 사회적으로 큰 반향을 일으키기 시작한 것입니다. 이러한 변화는 리더십 차원에서도 새로운 도전이 되고 있습니다. 고객 및 구성원에 대한 공감과 소통의 중요성이 더 커지고 있으며 공정하고 투명한 제도와 시스템, 그리고 일하는 방식이 거칠게 요구되기 시작한 것입니다. 과거와는 달리 한층 더 다변화된 가치와 요구를 가진 구성원을 이해하고, 이를 일터에서 충분히 발현되도록 하는 새로운 접근이 요구되고 있습니다.

리더들은 과거 어느 때보다 훨씬 더 다양한 도전과 어려움에 직면하고 있는 것이 사실입니다. 이러한 변화와 혼돈의 시기에 리더들은 어떻게 해야 할까요? 리더들에게 요구되는 역할과 역량은 무엇일까요? 이것 역시 한 가지 정답이 있는 것처럼 이야기할 수는 없습니다. 그렇지만 답이 없는 시대에 다른 사람과 연대하고 새로운 가치를 만들기 위해, 우리가 서로 지속가능한 행복을 만들고 더 키우기 위해, 과거보다 더 강조되고 필요한 영역이 무엇인지 생각해 볼 필요가 있습니다.

2부

정답 없는 세상에서

리더들이 직면하는

크리티컬 모먼트 14

최근 많은 글로벌 기업들은 단위 조직을 이끌고 있는 중간 리더에 대한 가치와 중요성에 새롭게 주목하고 이들의 역할을 지원하기 위해 다양한 시도를 하고 있습니다. 2023년 맥킨지의 연구에 따르면 지난 30년간 많은 기업들이 주주가치 극대화에 초점을 두면서 중간 리더는 오히려 비용과 비효율로 보는 인식이 강했습니다.[1] 그래서 위기의 순간이 되면 언제나 가장 먼저 책임을 지고 구조조정의 대상이 된 것이 사실입니다. 그런데 중간 관리자를 제대로 활용하지 않은 기업들은 지금과 같이 급격한 변화가 일상화되고 빠르게 움직이며 대응해야 하는 상황에서 심각한 위험에 노출되고 있습니다.

IBM은 새로운 경영 혁신을 통해 변화를 추진할 때 가장 강력한 실천의 주체로 중간 리더에게 집중한다고 합니다.[2] 중간 리더에게 강력한 권한과 재량을 부여하고 변화에 대응할 수 있는 스킬과 도구를 부여하며 적극적인 투자를 아끼지 않는다는 것입니다. 다른 모든 비용을 줄이더라도 마지막까지 줄이지 않아야 할 것이 바로 단위 조직 리더 대상의 투자라고 강조합니다.

그렇다면 조직의 최전선에서 성과와 성장을 이끄는 리더들에게 어떤 지원이 요구될까요? 이를 확인하기 위해 팀장 1,262명과 임원 97명을 만나 이들이 일터인 현상에서 경험하는 구체적 경험과 사례를 축적하기 시작했습니다.[3] 리더들은 연중 일련의 과정에서 반드시 해야 하는 일들이 있었습니다. 가령 회사 비전에 따라 담당 팀의 과제와 목표를 정의하고, 각 과제를 구성원에게 부여하며 일의 진척 상황을 점검하고, 결과에 따라 평가와 피드백을 제공하는 일련의 역할을 하게 됩니다. 그뿐만 아니라 최근에는 일과 일하는 방식, 구성원(인력 구조)이 급변하면서 새롭게 직면하고 부딪히는 다양한 상황과 맥락이 있었습니다. 리더들은 일상의 수많은 문제와 상황을 마주하며 문제를 해결하기도 하고, 때로는 시행착오를 거치면서 고전하기도 하며 힘겨운 고전분투를 하고 있었습니다. 그 과정에서 성과와 성장에 매우 중요한 변곡점들을 확인할 수 있었습니다. 이 변곡점에서 리더의 역할에 따라 성과가 빛을 보기도 하지만 적절한 대응을 하지 못할 때는 어렵고 힘든 결과를 맞이하기도 합니다. 이러한 상황이 바로 크리티컬 모먼트Critical Moments, 즉 결정적 상황들입니다.[4]

팀장과 임원 인터뷰를 통해 이러한 결정적 상황 40개가 확인되었습니다. 그리고 이 중에 많은 리더들이 보다 빈번하게 직면하고 있고, 또 해결해야 할 문제로 인식하고 있는 14개의 크리티컬 모먼트를 도출하였습니다. 대부분 불확실성에 기반한 변화로 야기되고 있는 문제들입니다. 리더들은 이러한 문제 상황에서 자신의 리더십을 발휘하여 문제를 해결하고 팀을 성공적으로 이끌 수 있어야 합니다. 이를 위해서는 리더로서의 관점과 구체적 행동을 위한 변화가 요구됩니다.

여기에서 한 가지 고려해야 할 사항은 리더십에 단 하나의 정답이란 존재하지 않는다는 것입니다. 그런데 일반적으로 많은 리더들은 즉각적으로 해결할 수 있는 하나의 정답과 대안을 요구하는 경우가 많습니다. 특정 상황과 문제에 하나의 정답이 있다면 지금 이 시점에서 리더십이 그리 문제가 될 이유가 없습니다. 비슷한 상황, 비슷한 문제라도 리더마다 처한 상황과 문제가 다르고 함께 일하는 구성원이 다르기 때문입니다. 그리고 때로는 지금은 적절한 행동이었던 것이 시간이 지나면 그렇지 않을 수도 있기에 문제를 풀어가는 방식 역시 달라질 것입니다.

리더들이 직면하는 수많은 도전적 상황으로서 크리티컬 모먼트를 살펴보고, 이것이 자신이 처한 맥락에서 어떻게 전개되고 있는지 생각해 보는 과정이 필요합니다. 그리고 이 문제를 해결하기 위해 본질적으로 고려할 것이 무엇인지를 이해하고, 이를 해결하기 위해 자신의 행동을 바꾸고 실천하는 노력이 필요합니다. 그런 의미에서 14개의 크리티컬 모먼트를 각각의 상황별로 관련된 본질적 이슈를 이해하는 맥락에서 살펴볼 것입니다. 그리고 이 문제를 해결하는 데 참고가 되는 아이디어를 공유하는 것으로 이야기를 시작해 보려고 합니다.

비즈니스 및
일의 변화

잘 모르는 영역에서
의사결정을 내려야 할 때

"리더인 나도 잘 모르는 영역이다 보니 자꾸 주저하게 됩니다. 결정을 내리지 못하니 계속해서 데이터만 찾게 되고 일이 진전되지 않고 더디게 가니 구성원들도 답답해 하고 있는 상황입니다."

"친환경 사업인 '수소 에너지'를 새로운 성장 동력으로 전환하면서 수소 사업 개발을 맡게 되었습니다. 그런데 수소 사업은 아직 사내에 해 본 사람이 전혀 없습니다. 우리 회사에만 없는 것이 아니라 이제 막 태동하는 사업이다 보니 벤치마킹 할 곳도 없고, 그러다 보니 의사결정 과정에서 자꾸 머뭇거리게 됩니다."

리더는 결국 의사결정을 통해 일하고 결과를 만들어 내는 역할을 수행합니다. 그런데 이전처럼 리더의 경험과 전문성 그리고 직관적 통찰만으로 해결할 수 없는 일이 점점 더 많아지고 있습니다. 하려고 하는 일의 대부분이 기존에 없던 새로운 일 또는 창의적인 일인 경우가 많아졌으며 이런 상황에서는 무엇이 옳은지 그른지 판단조차 어려운 일이 많아졌기 때문입니다.

리더의 직관과 전문성을
얼마나 신뢰할 수 있을까?[5]

보통 리더는 해당 분야에서 전문성을 갖추고 있고 수많은 경험을 통해 나름의 직관과 통찰을 갖고 있는 경우가 많습니다. 그래서 대부분 자신의 직관 혹은 전문성에 기반해 의사결정을 하며 새로운 일을 진행하기도 합니다. 그런데 리더의 직관이 얼마나 신뢰할 만하고 믿을 수 있는가에 대해서는 한번 생각해 볼 필요가 있습니다.

아주 상반된 견해를 가진 위대한 학자 두 명이 있습니다. 먼저 행동경제학자이자 심리학자로서 2002년 노벨경제학상을 수상한 다니엘 카너먼Daniel Kahneman은 기본적으로 직관을 신뢰하지 않는 대표적인 학자입니다. 평생 '사람은 왜 어리석은 선택을 하는가?'를 주제로 연구했습니다. 그래서 우리가 잘 알고 있는 휴리스

틱과 편견Heuristic & Bias, 즉 깊이 생각하지 않는 직관적 판단은 매우 큰 오류 가능성이 있다고 주장합니다.

> "우리의 정신세계는 직관적인 느낌과 의견에 지배당한다. 마주치는 거의 모든 것들에 대해서 그러하다. 어떤 사람들에 대해 많이 알기도 전에 좋은 느낌이나 싫은 느낌을 갖는다. 낯선 사람을 이유 없이 신뢰하기도 하고, 불신하기도 한다. 또한 모종의 사업에 대해 분석도 해 보지 않고 성공 여부를 판단한다. 놀랍게도 이러한 정신 활동은 대개 막힘없이 진행된다"
>
> ― 『생각에 관한 생각Thinking Fast and slow』 중에서[6]

카너만은 우리의 직관은 실수와 오류 투성이일 수밖에 없고, 리더의 직관 역시 다르지 않다는 생각을 갖고 있습니다. 반면 자연주의 의사결정의 대가인 게리 클라인Gary Klein은 오히려 리더(또는 전문가)의 직관은 이성보다 뛰어나다는 입장을 가진 학자이며, 수십 년의 연구로 이 사실을 증명해 왔습니다.

서로 상반된 두 견해를 갖고 있던 두 명의 대학자는 서로 비판하기보다는 직관의 경이로움과 결함을 구분하는 경계의 지도를 함께 그려 보기 위해 공동 연구를 제안하고 수년의 연구를 통해 2009년 마침내 '직관적 전문성을 위한 조건Conditions for Intuitive expertise: a failure to disagree'이라는 공동 논문을 발표합니다.

직관에 대해 이 두 사람이 서로 다른 결론에 이르게 된 것은 서로 연구 대상자가 달랐기 때문이었습니다. 리더의 직관을 인정했던 게리 클라인은 소방대장을 대상으로 연구를 시작합니다. 게리 클라인은 화재진압 장소로 가서 소방대장을 만나 그가 어떤 생각을 하면서 진압을 결정했는지 인터뷰하며, 소방대장이 여러 선택을 비교하지 않고도 어떻게 좋은 결정을 내릴 수 있었는지를 연구합니다. 소방대장은 10년 넘게 겪은 실제와 가상의 경험을 모아 만든 레퍼토리에 의존해 가장 타당한 선택을 찾아냈고, 그것을 가장 먼저 머릿속에 떠올리며 현실에서 통할 수 있을지 시뮬레이션하며 직관적인 선택을 한다는 것입니다. 소방대장 외에도 임상전문 간호사, 응급 구조원, 조종사, 스포츠 선수 등을 연구하며 직관의 가치를 증명해 왔던 것입니다.

반면 다니엘 카너먼은 경영자, 정치사회학자, 경제학자, 투자 전문가를 대상으로 연구를 했습니다. 전혀 규칙적이지 않고 예측 불가능한 맥락과 상황에서 전문가로 인정받는 사람의 직관과 판단이 우리가 생각하는 것보다 형편없다는 것을 증명해냅니다.

결국 이 두 대학자는 서로 다른 관점에서 직관을 이해하고 있었다는 것을 인정하기에 이릅니다. 그리고 언제, 어떤 상황에서 직관을 신뢰할 수 있을 것인지에 대해 논의하며 직관이 적용될 수 있는 두 가지 조건을 제시합니다. 첫째, 예측 가능할 수 있을 만큼 충분히 규칙적인 환경인가? 둘째, 오랜 시간의 연습을 통해 이런 규칙성을 배울 수 있는 기회가 주어지는가? 이 두 조건이 충족되면 직관을 신뢰하고 실행할 수 있다는 것입니다. 게리 클라인이 말했던 응급 상황에서의 소방대장이나, 응급구조사 또는 전투기 조종사의 직관이 신뢰할 수 있는 이유입니다.

이 두 대학자가 합의한 또 다른 한 가지는 자신이 가진 '지식의 한계'를 알고 있는 상황에서 직관을 적용할 때만이 그 가치를 인정할 수 있다는 점입니다. 다니엘 카너먼에 따르면 리더나 전문가라고 하는 사람 중 상당수는 자기가 무슨 일을 하는지조차 모르면서 주관적 확신이 너무 지나쳐 잘못된 판단을 내리는 경우가 많다고 강조합니다.

그렇다면 오늘날 기업 환경에서 리더가 직면한 맥락이 이러한 직관이 통용될 수 있을 만큼 충분히 예측 가능하고 규칙적인 환경인지, 또 오랜 시간의 연습을 통해 이런 규칙을 배울 수 있는 영역인지 살펴볼 필요가 있습니다. 만일 규칙적이지 않고 또 해 보지 않은 영역에서 직관도 통할 수 없다면 어떻게 해야 할까요? 최근 리더의 고민은 바로 이와 같은 불확실의 영역, 잘 모르는 영역에서의 의사결정이 많아지고 있어 선택 또는 결정에 어려움이 있다는 것입니다. 더 이상 리더의 경험과 전문성, 직관적 통찰로는 해결할 수 없는 문제들을 너무나 많이 그리고 자주 직면하고 있기 때문입니다.

불확실 환경에서의 의사결정 방법론:
커네핀 프레임워크

이렇게 복잡하고 불확실성이 큰 상황에서 리더는 어떻게 의사결정하며 일의 진척을 만들어 낼 수 있을까요? 많은 리더들이 수시로 마주치며 고민하는 문제입니다. 변화의 속도가 너무 빠른 시점에 리더들이 어떻게 의사결정하면 좋을지에 대한 접근을 도와주는 방법론 중 하나로 커네핀 프레임워크Cynefin Framework를 소개해 보려고 합니다. 이것은 IBM에 재직했던 데이브 스노덴Dave Snowden이 1999년에 제안한 개념으로 2007년 하버드 비즈니스 리뷰[7]에 소개되면서 널리 알려지게 되었습니다.

의사결정이란 현실 세계로부터 주어진 상황이나 위기를 센싱하고, 우리가 기대하는 최선의 결과를 얻기 위해 합리적인 선택과 행동을 하는 과정입니다. 커네핀 프레임워크는 리더들이 직면한 상황이 어떤 상황의 문제인지를 센싱해서 그에 맞는 의사결정을 하도록 돕는 방법론입니다. 상황과 문제의 복잡성이 다르다면 그에 대한 의사결정의 방식도 달라야 하기 때문입니다. 커네핀 프레임워크는 먼저 인과관계가 얼마나 명확한지, 또 우리가 얼마나 알고 있는지를 기준으로 문제 상황을 구분하는 것에서 시작합니다. 크게 단순성의 영역Clear Area, 난해한 영역Complicated Area, 복잡한 영역Complex Area, 혼돈의 영역Chaotic Area등 4가지 영역으로 구분됩니다.

복잡한 영역
Complex

탐색(Probe)
센싱(Sense)
반응(Respond)

창발적 프랙티스
(Emergent Practice)

난해한 영역
Complicated

센싱(Sense)
분석(Analyze)
반응(Respond)

굿 프랙티스
(Good Practice)

Disorder

혼돈의 영역
Chaotic

행동(Act)
센싱(Sense)
반응(Respond)

단순성의 영역
Clear

센싱(Sense)
분류(Categorize)
반응(Respond)

베스트 프랙티스
(Best Practice)

먼저 단순성의 영역입니다. 말 그대로 인과관계를 쉽게 이해
할 수 있고 예측 가능한 문제 상황을 말합니다. 문제 현상의 원인
도, 이로 인한 결과도 이미 알고 있는 문제입니다. 이처럼 알려진
사실의 영역에서는 모든 당사자가 이해를 공유하고 있기 때문에
의사결정에 의문의 여지가 없습니다. 이러한 문제는 문제 상황을
센싱하고 분류하고 대응하면 됩니다.

가령 금융 기관에서의 대출금 지급 처리와 같은 문제가 여기
에 해당할 수 있습니다. 대출 기준이 있고, 그 기준에 따라 절차

적으로 집행하는 것과 같은 것입니다. 만일 문제가 발생하면 빠르게 문제를 센싱하고(대출 기준에 부적합한 대상자에게 지급했거나, 기준보다 많이 지급했거나 등), 문제를 분류한 후(대출 기준을 검토하여 처리 방법 확인) 적절하게 후속 대응을 할 수 있습니다. 단순성의 영역은 베스트 프랙티스를 찾아 실행할 수 있는 문제입니다. 리더는 이러한 문제가 명확하게 처리될 수 있는 내부 프로세스나 매뉴얼이 있는지 짐검하고, 이러한 부분을 정리해 놓으면 쉽게 위임하고 해결할 수 있습니다.

다음은 난해한 영역의 문제입니다. 난해하다는 것은 단순성의 영역처럼 문제를 보자마자 즉답을 찾기는 어렵지만 전문가들이 진단하고 분석하는 과정을 통해 비교적 괜찮은 답을 찾아낼 수 있는 영역의 문제입니다. 그래서 이 영역은 전문 지식이 요구되는 영역입니다. 마치 운전을 하다 엔진에서 평소와 다른 굉음이 난다면 자동차에 문제가 있다는 사실은 알지만 문제를 해결하기 위해서는 전문 지식과 기술을 가진 정비사를 통해 진단을 하고 문제를 해결할 수 있는 것과 같습니다. 이러한 난해한 영역은 문제를 센싱하고 분류한 다음 바로 대응하는 것이 아니라 반드시 분석의 과정을 필요로 합니다. 그러면 꽤 괜찮은 대안을 찾을 수 있습니다. 단순성의 영역처럼 '베스트 프랙티스'는 아니지만 '굿 프랙티스'가 가능한 영역입니다.

단순성의 영역과 난해한 영역은 그래도 답이 있는 문제에 가깝습니다. 그런데 복잡한 영역의 문제부터는 정답을 단정할 수 없습니다. 명확한 인과 관계를 알기 어려운 만큼 복잡하고 복합적인 문제입니다. 끊임없이 예측 불가능한 일들로 인한 불확실성과 유동성이 크기 때문입니다. 비즈니스 모델과 같은 일이 여기에 해당하며, 또 현재 우리가 직면하는 많은 문제가 이 영역에 속합니다. 그래서 복잡한 영역의 문제는 일단 '탐색' 작업부터 시작해야 합니다. 리서치가 필요한 영역입니다. 답이 있는지 없는지도 당장은 알 수 없기 때문입니다. 탐색을 하다 보면 무언가 보이고 잡히는 것이 생기는데 그때서야 적절한 반응을 해 볼 수 있게 됩니다.

복잡한 문제는 필연적으로 헤매는 시간을 필요로 합니다. 헤매는 시간은 다시 말하면 학습의 과정이고 그 과정에서 실패를 경험하는 시간입니다. 이 경험을 하지 않고 바로 답을 찾으려고 노력하면 결코 풀어갈 수 없는 것이 바로 복잡한 문제의 특성입니다. 그래서 복잡한 문제일수록 실험과 시도를 통한 헤매고 학습하는 과정을 거쳐야 합니다. 그래야만 답이 없는 영역에서 나름의 대안을 찾을 가능성이 있기 때문입니다.

복잡한 영역의 의사결정 과정에서 반복되는 실패는 리더의 조바심에서 비롯되는 경우가 많습니다. 너무 조급하게 서두르며 답을 강요해서는 올바른 기회를 만들기 쉽지 않습니다. 그리고 필연적으로 헤매는 과정에서 만나는 실패를 학습의 과정으로 연결하지 않으면 또 지속할 수도 없습니다. 리더가 문제의 본질과 특성을 이해해서 이 문제가 복잡한 영역의 문제라면 그래서 당장 답이 있는지 없는지조차 알 수 없는 문제라면 작은 실험과 시도를 하는 탐색의 과정이 필요합니다. 그렇게 했을 때 무언가 새로운 단초를 만나게 되고 그 과정에서 대안을 찾을 수 있기 때문입니다.

복잡한 영역의 문제는 하나의 정답이 없는 영역이기 때문에 중요한 것은 '합의'입니다. 옳은 정답이 아니라 우리가 실험과 시도를 통해 헤매고 탐색하는 과정을 통해 발견한 것을 합의하고 실행하는 데 의미가 있는 것입니다. 복잡한 문제에서 명쾌하게 답을 찾고 의사결정할 수 있는 치트키란 존재하지 않습니다. 우리가 알고 있는 수많은 복잡한 문제들은 이런 실험과 시도를 통해 헤매고 실패하며 학습하는 과정을 통해 발견한 대안이며, 그것이 바로 의사결정의 과정입니다.

마지막으로 혼돈의 영역은 올바른 답을 찾는 것이 무의미한 영역입니다. 원인과 결과 사이의 관계는 끊임없이 변하고 관리 가능한 패턴조차 존재하지 않고 혼란만 있기 때문에 정의조차 하기 어려운 상황의 영역입니다. 2001년에 발생한 9·11 테러 사건으로 벌어진 혼돈이 대표적 사례입니다. 혼돈의 상황에서 리더는 지체할 여지가 없습니다. 이 상황에서는 더 큰 피해와 출혈을 막아야 하는 만큼 먼저 빠르게 상황을 정리할 수 있는 '행동'이 요구됩니다. 그래서 혼돈의 영역을 복잡성의 영역이나 난해한 영역으로 전환한 후에 미래 위기를 예방하고 새로운 기회를 식별하는 과정으로 이끌어야 합니다.

앞서 살펴본 것처럼 리더의 의사결정은 점점 더 어려워지고 있는 것이 사실입니다. 리더들은 담당 사업과 조직을 이끌며 수많은 종류의 문제 상황과 의사결정 상황에 직면하게 됩니다. 심지어 정보와 리소스가 제한되고 불확실한 상황에서도 의사결정을 통해 일이 진척되도록 이끌어야 합니다. 지금까지 경험과 전문성을 토대로, 또 때로는 직관과 통찰로 일과 조직을 탁월하게 이끌어 왔지만 최근에는 이전과 같은 방식으로 해결하지 못하는 문제들이 많아지고 있습니다. 문제 상황에 따라 리더의 의사결정 방식이 달라져야 하는 만큼 직면한 상황에서 최선의 대안을 탐색하고 합의하며 이끄는 과정이 의사결정의 과정입니다. 지금 직면한 문제가 어떤 유형의 문제인지를 먼저 센싱하고, 그 문제에 맞는 의사결정 방법을 적용해 보는 노력과 훈련이 필요합니다.

적용해 보기

● 현재 담당하고 있는 일 중, 해결해야 할 중요 과제를 커네핀 프레임워크 방식으로 구분하면 어떻게 분류할 수 있습니까?

● 난해한 영역의 문제 중 가장 고민이 되는 문제는 무엇입니까? 이 문제에 대한 의사결정을 하기 위해 분석해야 할 영역이 있다면 그것은 무엇입니까?

● 복잡한 영역의 문제는 무엇입니까? 이 문제를 해결하기 위해서는 실험과 시도를 통한 탐색이 요구됩니다. 빠르고 안전하게 탐색해 볼 수 있는 방법은 무엇입니까?

● 커네핀 프레임워크를 통해 새롭게 배운 것이 있다면 무엇입니까?

● 여전히 해결되지 않는 문제·이슈는 무엇입니까?

정답 없는 세상에서 리더로 살아가기

부족한 리소스로
신규 과제를 추진할 때

"담당 임원의 의욕이 넘치는 편입니다. 임원Top-Team 미팅에서 새로운 과제에 대한 논의가 있으면 그 결과는 언제나 우리 팀의 업무가 늘어나는 구조입니다. 인원이 그만큼 충원된다면 모르겠지만 항상 일만 늘어나다 보니 구성원들의 불만도 늘어가고 있는 상황입니다. 더 큰 고민은 분산된 에너지로 인해 해야 할 과제가 제대로 작동되지 않고 점차 비효율이 커지고 있다는 것입니다."

"업무 특성상 연초 계획을 세워도 갑작스럽게 발생하는 업무들이 많은 편입니다. 예기치 않게 발생하는 일들도 적극적으로 수용하며 문제를 헤쳐 나가고 싶지만 구성원들은 여력이 없다며 굉장히 소극적인 편입니다. 업무에 대한 가치와 의미를 설명하더라도 설득을 하기가 쉽지 않습니다."

연말 연초가 되면 각 조직은 새로운 사업 계획을 위해 고민을 하게 됩니다. 언제나 그렇듯이 작년과 동일한 사업 계획은 없습니다. 지난 1년과 다가올 1년의 환경은 완전히 다르기 때문입니다. 회사의 전략 방향과 연계해서 각 조직이 기여하고 시너지를 낼 수 있는 새로운 과제를 고민하는 것은 너무나 당연합니다. 과제가 정리되면 목표와 우선순위를 정하고 과제 추진을 위해 담당자를 정해 본격적인 실행을 하게 됩니다.

그런데 각 팀에는 담당 직무 특성상 이미 고유하게 진행되는 일들이 존재합니다. 새로운 전략 과제가 중요하지만 그렇다고 기존 업무를 신경 쓰지 않을 수도 없습니다. 세상의 모든 일은 출생의 비밀이 있습니다. 저마다 일이 시작된 이유가 있고 그 일로 인해 만들어지는 가치가 있습니다. 어떤 일도 의미 없는 일은 없고 어떤 일도 사소하거나 만만한 일은 없습니다. 그만큼 모든 일은 시간과 노력이 요구되고 또 많은 에너지를 요구합니다. 그러다 보니 문제는 해야 할 일이 너무 많다는 것입니다. 너무 많은 일이 동시에 추진되지만 선뜻 줄이기가 어렵습니다.

일이 많은 것의 진짜 문제는 제한된 인력과 시간으로 여러 일을 동시에 추진하다 보니 일의 생산성과 효율이 낮아질 수밖에 없고 또 기대한 결과를 만들기도 점점 더 어려워진다는 데 있습니다. 그리고 이를 해결하기 위해 다시 더 길게 일할 수밖에 없는 악순환이 지속된다는 것입니다. 그 과정에서 구성원의 불만도 커지고 있다고 말합니다. 이전에는 일이 많아도, 늦은 시간 야근을 하거나 주말 근무를 하더라도 주어진 과제를 묵묵히 함께 해 나가는 분위기가 있었습니다. 회사의 일이 다른 모든 것에 우선했고 리더도 팀원에게 당당하게 지시할 수 있었습니다. 그런데 지금은 그럴 수도 없습니다. 법적으로 주 52시간 상한제 안에서 일해야 하고 구성원들도 회사일 외에 자기만의 삶이 있기 때문입니다. 리더들은 이러한 상황에서 일도 해야 하고, 구성원도 설득하여 몰입하도록 이끌어야 하기 때문에 고민이 클 수밖에 없습니다.

『위대한 기업은 다 어디로 갔을까How the Mighty Fall』를 쓴 짐 콜린스Jim Collins에 따르면 실패하는 많은 기업의 결정적인 문제는 '무절제하게 더 많은 것을 추구했던 일'에 있다고 말합니다.[8] 해야할 일을 안 해서가 아니라 우선순위 없이 너무 많이 분산되었기 때문이라는 것입니다.

일의 본질과 우선순위에 집중하기

리더에게 가장 중요하면서도 희소한 자원 중 하나는 시간입니다. 리더들은 이미 '시간 빈곤'에 허덕이고 있다고 말합니다. 루틴하게 진행되는 일, 새롭게 시작해야 하는 전략 과제, 수시로 발생하는 신규 과제로 인해 일이 해결되고 완료되는 속도보다 새로 일이 추가되고 늘어나는 속도가 더 빠른 경우가 많습니다. 전사 차원의 새로운 전략 방향이 세워지면 이로 인해 발생하는 일들도 수시로 생겨납니다.

일이 관리되고 통제되지 않은 상태로 늘어나다 보니 제대로 일이 실행되지 않는다는 데 고민이 있습니다. 경영은 제한된 자원으로 최적의 가치를 만들기 위한 선택과 활용의 과정입니다. 제한된 인력과 시간에 대한 고려 없이 과제가 늘어나는 것은 이미 예정된 불행의 결과로 향해가는 과정일 뿐입니다.

과제를 추진할 때 반드시 짚고 넘어가야 할 것이 바로 '에센셜리즘Essentialism'입니다.[9] 에센셜리즘이란 본질에 집중하는 힘을 말합니다. 더 중요한 본질을 정하고 그에 따른 우선순위를 갖는 것입니다. 새로운 것을 하기 전에 더 중요한 것은 불필요하거나 하지 않아도 되는 일을 줄이는 것입니다. 그래야 새로운 일을 더 가치 있게 제대로 할 수 있기 때문입니다.

Work Itself Group의 공동 설립자인 브랜드 피터슨Brand D. Peterson 과 게일런 닐슨Gaylan W. Nielson은 우리가 하는 일에서 가짜 일과 진짜 일을 구분해 낼 수 있어야 한다고 강조합니다.[10] '진짜 일'이란 조직의 전략과 핵심 목표에 결정적으로 기여하는 일입니다. 반면 '가짜 일'은 회사의 전략과 목표를 타깃으로 하지 않거나 그에 연계되지 않는 모든 일이 해당됩니다. 대표적으로 의미 없는 문서 작업, 시간만 낭비하는 미팅들, 알맹이 없는 교육, 관행적으로 해

오고 있는 일이나 하면 좋으나 안 해도 문제 없는 일들이 모두 포함됩니다. 이들의 연구에 따르면 87%의 직원이 한 주가 끝났을 무렵, 자신이 한 일의 성과에 만족하지 못하고 있다고 합니다. 상당히 많은 직원들이 비본질적인 일에 집중하며 시간을 낭비하고 있다는 말입니다.

따라서 목적에 맞는 진짜 일을 중심으로 재구성하고 전략 실행에 필요한 새로운 과제에 집중할 수 있는 공간을 만들어야 합니다. 때로는 새로 시작하고자 하는 신규 과제가 비본질적이거나 전략 방향과 관계 없는 경우도 많습니다. 리더의 단순 궁금증이나 호기심을 위한 일이거나 분명한 목적과 방향 없이 시작되는 일도 생각보다 많습니다. 따라서 새로운 과제를 시작하기에 앞서 이 과제가 전략 방향과 연계된 중요한 과제인지, 목적과 가치가 명확한 일인지를 살피고 시작해야 합니다.

'반드시 해야 할 일'을 위해 '하면 좋은 선택'을 버리는 것이 핵심입니다. 그러기 위해서는 어떤 일이 더 본질적이고 중요한지에 대한 일의 우선순위를 갖고 선택하는 과정이 필요합니다. 새로운 과제를 시작할 때는 현재 하고 있는 일을 먼저 나열해 봅니다. 그리고 신규 과제를 놓고 이 과제를 하기 위해 우선순위를 조정하거나 버려야 할 일을 정할 수 있어야 합니다. 그러지 않고 기존 일을 그대로 하면서 신규 과제를 추진하는 것은 모든 일을 제대로 하기 어렵게 만들 가능성이 큽니다. 따라서 상사의 지시라면 상사와 먼저 논의할 수 있어야 합니다. 일의 목적과 영향력을 기준으로 신규 과제를 우선 추진할 경우 어떤 일을 뒤로 미룰 수 있는지 또는 멈출 수 있는지 확인해야 합니다. 그래야 명확한 목표와 우선순위를 갖고 집중해서 일을 처리할 수 있습니다. 팀원에게도 동일하게 하도록 가이드 할 수 있어야 합니다. 리더의 지시라고 해서 무조건 수용해서 따르기보다 새로운 일을 지시 받으면 지금 하고 있는 일과 비교해서 너 본질석인 일이 무엇인지 살피고, 신규 과제를 하기 위해 조정해야 할 일을 논의할 수 있어야 합니다.

『에센셜리즘Essentialism』을 저술한 그렉 매커운Greg McKeown에 따르면 최우선의 의미를 표현하는 Priority라는 단어가 처음 등장한 것은 1400년대라고 합니다. 그 이후 500년 동안 단수로만 사용되다가 1900년대 이후부터는 복수인 Priorities가 사용되기 시작되었고 지금은 빈번하게 사용되고 있습니다. 이런 현상은 지금 우리가 살아가는 이 시대는 정말로 중요한 것이 무엇인지조차 알 수 없는 상황이 되었다는 것을 보여줍니다. 제한된 상황에서 새로운 일을 잘하기 위해서는 결국 본질에 집중하는 우선순위를 정하고 실행해야 하는데 그러기 위해서는 먼저 일을 평가하고 비본질적인 것을 버리고 중요한 것을 선택하고 실행하는 과정을 거쳐야 합니다. 실제로 제대로 일하고 성과를 내는 리더들은 바로 일에 달려들기보다 과제 자체를 신중하고 까다롭게 판단한다고 합니다. 그리고 새로 시작하기에 앞서 버려야 할 것을 명확히 하는 데 집중합니다.

많은 일을 하고 바쁘게 살아가는 것이 인정받던 시대가 있었습니다. 그러나 리더가 너무 많은 일로 바쁘면 제대로 리더십을 발휘할 수가 없습니다. 시간의 압박은 리더의 사고와 행동을 방해하고 리더답지 않은 행동을 거침없이 하게 만들기도 합니다. 리더는 본질적인 일에 집중해서 성과를 위해 중요한 일을 제대로 하고, 시간의 공간을 가질 수 있어야 합니다. 또한 구성원들을 본질적인 일에 집중할 수 있도록 이끄는 노력이 필요합니다.

그렇다면 이러한 논의는 언제, 어떤 방식으로 진행할 수 있을까요? 가장 자연스럽게 논의할 수 있는 자리가 바로 '원온원1on1' 미팅입니다. 원온원 미팅에서는 자연스럽게 현재 하고 있는 일의 과정과 진척, 고민과 해결해야 할 사항, 지원 사항 등에 대해 이야기 나누게 됩니다. 그럴 때 지금 하고 있는 많은 일과 새로 발생해 시작해야 할 과제 사이의 우선순위에 대해 논의를 나눌 수 있습니다.

리더는 먼저 자신의 상사와 원온원 미팅 자리에서 팀의 전체 과제 안에서 새롭게 발생한 신규 과제와 기존에 하고 있는 과제 사이의 우선순위에 대한 논의를 하고, 이를 통해 상사와 일치된 방향을 갖고 일을 추진할 수 있어야 합니다. 그래야 과제와 목표 관리가 되고 일에 집중할 에너지를 확보할 수 있습니다. 구성원과도 마찬가지입니다. 리더로서 구성원과 원온원 미팅을 통해 현재 하고 있는 일과 새롭게 시작해야 할 일의 관계를 먼저 살피고 물어보고 더 중요한 일에 집중하도록 세밀하게 질문하고 지원하는 과정이 필요합니다.

적용해 보기

- 최근 다음과 같은 생각이 들었던 적이 있나요?

  - 시간이 부족해서 힘들고 버겁다는 생각이 든다.
  - 업무량에 비해 지원되는 자원이 부족하다고 여겨질 때가 있다.
  - 담당하고 있는 업무 대부분이 비생산적인 일이라고 여겨질 때가 있다.
  - 바쁘게 일하지만 제대로 진척되는 일이 없다고 느껴진다.
  - 별로 중요하지 않은 업무인데 차마 거절할 수 없어서 수용해서 힘겹게 하고 있다.

  만일 이 중 자신에게 해당하는 사항이 있다면 비본질적인 일로 인해 시간과 자원, 에너지를 소모하고 있는 부분이 없는지 살펴볼 필요가 있습니다. 시간의 공간을 만들어야 새롭고 가치 있는 일에 의미 있게 집중할 기회를 만들 수 있기 때문입니다.

- 더 가치 있고 중요한 신규 과제를 추진하기 위해, 지금 담당하고 있는 과제 중 우선순위를 조정하거나 버려야 할 과제가 있다면 그것은 무엇입니까?

- 최근 새로운 일을 부여한 구성원 중에 기대했던 만큼 성과나 생산성이 높지 않은 구성원이 있나요? 그렇다면 새로운 과제를 부여하기 위해 현재 하고 있는 일에서 우선 순위를 조정하거나 제거해 줄 수 있는 일이 있다면 그것은 무엇입니까?

팀원들이 부여된 과제에 대해
불만을 제기할 때

"팀에는 다양한 일이 있습니다. 누가 봐도 빛나고 인정받는 일이 있고, 상대적으로 덜 중요하지만 꼭 해야 할 일도 있습니다. 누군 가는 각 역할을 맡아 일을 담당해야 하는데 팀원에게 부여한 일에 대해 가치가 낮은 업무라고 생각하여 업무에 대해 불만을 제기할 때가 종종 있는데 그럴 때마다 당황스럽습니다."

"최근 과거와는 전혀 다른 일들이 많아지고 있습니다. 과제도 하나 같이 난이도가 높은 일들이 많습니다. 그런데 구성원들이 자신의 역량 부족에 대해 강화하려는 노력은 하지 않고 업무에 대한 두려 움으로 부여한 과제를 수용하지 않고 거부하는 경우가 있습니다."

"관심 받는 서비스는 쉽게 충원이 가능하지만 일부 업무는 개발자 들도 커리어 관리상 맡으려고 하지 않아 부득이 경력직이라도 뽑 아야 하나 고민 중입니다. 회사도 미래 먹거리가 아니라는 이유로 채용에 부정적인 상황이라 고충이 큽니다. 버티고 있는 개발자들도 '부여된 업무가 누군가는 꼭 해야 되는 건 이해하지만 왜 나만 이 일을 계속해야 하는가'라고 따질 때마다 할 이야기가 궁색해지는 것이 현실입니다."

"상위 조직으로부터 불시에 급한 과제가 발생했을 때 해당 과제에 대한 업무 부여가 필요한데 조율이 쉽지 않아 팀장이 직접 처리하는 경우가 자주 발생합니다."

　최근 리더들에게 구성원으로부터 어떤 기대와 요구를 받고 있는지 물어보면 가장 많은 대답이 바로 '명확한 R&R Role&Responsibility'과 '명확한 업무 지시'라고 합니다. 회사는 결국 일을 통해 모든 것이 시작되는 공간인 만큼 구성원은 자신이 하는 일에 민감할 수밖에 없습니다. 회사는 비즈니스의 영속성을 중요시합니다. 제대로 일이 성공해서 고객으로부터 인정을 받고 그래서 망하지 않고 생존할 수 있어야 하기 때문입니다. 반면 구성원 입장에서는 자신의 커리어와 시장 경쟁력을 토대로 얼마나 고용가능성을 높일 수 있는가에 관심이 있습니다. 결국 일은 반드시 성과가 나도록 해야 하는데 구성원에게 의미 있는 가치와 성장을 줄 수 있는 방식으로 부여되어야 제대로 작동될 수 있게 됩니다. 그러나 이 둘의 관계에는 언제나 미묘한 갈등과 긴장이 존재합니다.

리더들은 구성원에게 과제를 부여하는 것조차 쉽지 않아서 자신이 직접 담당하는 경우가 많다고 합니다. 어찌 생각하면 좀 억울하고 야속하기도 합니다. 자신이 팀원 시절에는 리더가 부여한 업무는 반드시 매듭짓는 것이 당연한 과정이었는데 지금은 애걸하듯 설명하고 설득해야 하고 그럼에도 불구하고 수용하지 않으면 어쩔 수 없이 리더가 직접 하는 경우가 많다고 합니다. 그러다 보니 야근과 주말 근무자의 태반이 단위 조직의 리더로 채워지는 것이 현실입니다. 요즘은 마치 리더가 '을'이 된 기분이라고도 합니다. 상사로부터 과제를 부여받았는데 팀원에게 지시할 때 오히려 리더가 양쪽의 눈치를 보며 어려워하는 경우가 많다는 것입니다.

빅데이터가 보여준 직장인의 3대 키워드 : 성장, 1인분, 공정

2023년 1월, 대한민국 직장인의 생각을 알아보기 위해 빅데이터 분석을 진행하였습니다.[1] 인터넷에 남긴 직장인들의 흔적을 찾아보았습니다. 이들이 남긴 텍스트를 모아 어떤 단어들이 자주 나타나고 무엇보다 과거 대비 증가하고 있는 것이 무엇인지 추적해 보았습니다. 그 결과 100개의 키워드가 도출되었고 그중 과거 대비 빠르게 증가하고 있는 3가지 키워드가 확인되었습니다.

그것은 '성장' '1인분' '공정'이었습니다.

　대한민국 직장인에게는 자신의 미래 커리어에 대한 기대와 불안이 상존하고 있었습니다. 그래서 지금 하는 일이 자신의 미래 커리어와 성장에 도움이 되는가에 매우 민감한 모습을 보여줍니다. 이들이 생각하는 성장이란 '시장에서 자신의 가치가 높아지고 있는가'로 압축됩니다. 일을 통해 성장감을 경험하지 못할 때 구성원들은 주저 없이 다른 곳을 향해 움직이는 것을 마다하지 않습니다. 그래서 이직과 성장은 같이 움직이는 짝꿍처럼 여겨집니다. 지금 이 조직에서 성장하는 일을 경험할 수 없다면 이직을 통해서라도 성장 기회를 만들려고 하기 때문입니다.

　또 하나의 키워드는 '1인분'입니다. 1인분은 최근 온라인 게임이나 모바일 게임을 할 때 사용하는 개념입니다. 팀 단위 게임을 할 때 각 팀원들이 1인분의 역할을 해 줘야 우리 팀이 승리할 수 있다 보니 각 플레이어가 어느 정도 실력인지는 매우 중요한 정보입니다. 그래서 게임 프로필에 각 참가자가 1인분을 하는지, 1인분 이상인지, 1인분도 못하는지가 표시된다고 합니다. 이러한 1인분의 개념이 곳곳에 스며들기 시작한 것으로 보입니다.

　대학생들은 학교 수업 중 수많은 팀 프로젝트를 수행하는데 이때도 1인분의 역할을 강조한다고 합니다. 각자가 기여한 만큼의 공을 인정하고 적어도 1인분 역할을 하는 것에 익숙한 세대입니다. 이들이 직장으로 오면서 직장 내에서도 1인분은 중요한 가치가 되었습니다. 먼저 이들은 자신이 기꺼이 1인분을 하고자 합니다. 따라서 1인분의 가치가 있는 일을 요구합니다. 또한 1인분의 역할을 하는 사람과 같이 일하고 싶어합니다. 리더나 동료 구성원이 1인분의 역할을 하지 못하면 그 팀을 거침없이 떠난다고 말합니다. 여기서 중요한 또 다른 한 가지는 딱 1인분만 하고 싶어하는 경향도 크다는 것입니다. 1인분의 역할을 기꺼이 하겠지만 1인분 이상을 하고 싶어하지는 않다는 것입니다.

마지막 키워드는 '공정'입니다. 공정은 최근 우리 사회에 중요한 이슈로 부각이 되고 있습니다. 직장인이 강조하는 공정은 자신이 기여한 것에 대한 정당하고 투명한 인정과 보상입니다. 그 과정이 투명하게 납득되는 방식으로 이루어지기를 기대한다고 말합니다. 가치 있는 일을 통해 자기 몫을 충분히 기여하고, 그에 상응하는 인정과 보상을 기대한다는 것입니다. 이 세 가지 키워드가 조직 내로 유입되면서 과제가 부여되고 일하는 과정에서 다양한 현상으로 나타나고 있습니다.

성장과 성과를 고려한 과제 부여와 의미 공유

리더로서 가장 기본적인 역할은 과제를 정의하고 구성원에게 과제를 부여하여 성과를 만드는 프로젝트 리더 역할과 구성원의 기여도를 판단하고 더 큰 성장으로 이끄는 평가와 코칭의 역할입니다. 리더가 과제를 부여할 때는 전체 조직 목표 달성과 구성원 개개인의 경험과 역량 그리고 전체적인 업무량을 고려해 과제 부여를 고민하게 됩니다. 그런데 이 과정에서 각자의 이해 상충이 일어나고 있는 것입니다.

먼저 구성원이 과제를 만나면서 고려하는 중요한 포인트를 살펴볼 필요가 있습니다. 첫째, '중요도'입니다. 이 일이 조직 차원에서 중요한 핵심 과제로 인정받는 일인지, 그래서 이 일을 통해 성과를 인정받을 수 있는지, 결국 이 일을 잘 하면 좋은 평가를 기대할 수 있는지입니다. 구성원은 자신이 회사의 중요한 핵심 과제를 담당하며 일을 통해 기여하기를 기대합니다. 중요하지도 않은 일을 하거나 다른 사람의 일을 지원하기보다는 본인이 주도해서 역할을 수행하고 결과로 인정받고 싶어한다는 것입니다. 그러다 보니 '왜 나는 루틴 업무이고 다른 구성원은 빛나고 성과가 나는 일인가?' '왜 나는 지원 업무인가?'를 따지고 불만을 제기하게 됩니다. 중요하고 인정받는 일, 좋은 평가를 받을 수 있는 일, 이것이 핵심입니다.

둘째, '새로운 업무 경험을 통한 성장'입니다. 구성원은 작년에 하던 일을 올해도 하고 내년에도 하면서 경력을 쌓기보다는 자신이 무언가 새로운 것을 배우고 성장할 수 있는 일을 기대합니다. 구성원들은 자신이 일을 통해 성장하고 이 일의 경험이 미래 커리어에 도움이 되는지에 대한 관심이 클 수밖에 없습니다. 최근 구성원들은 같은 일을 2~3년 하면 다른 업무로 전환하거나 아니면 부서를 옮기고 싶어합니다. 그래야 자신이 성장할 수 있다고 생각하기 때문입니다.

셋째, '업무량'입니다. 전체 성과를 만들기 위해 팀에는 수많은 과제가 있습니다. 다른 팀원들과 공동 작업을 하기도 하고 때로는 독립 과제를 수행하기도 합니다. 이때 팀원들은 1인분 역할 이상은 하고 싶어 하지 않습니다. '일과 삶의 균형을 맞출 수 있는가'는 직업 선택의 가장 중요한 기준입니다. 팀원 간에 균형이 있는지, 나 혼자 독박이 아닌지 민감하게 보기 때문입니다.

넷째, '난이도'입니다. 과제를 성공적으로 마치고 일을 통해 인정받고 좋은 평가를 받으려면 그 과제가 노력하면 충분히 해결할 수 있는 문제인지가 중요합니다. 기존의 경험과 지식으로 충분한지, 새로운 것을 배우고 시도해야 하는지 등 다양한 셈법이 돌아갑니다. 아무리 노력해도 답이 없이 고생만 하는 일이라는 생각이 들면 여러 이유를 들어서라도 빠지고 싶어하는 모습을 보입니다.

앞서 이야기 한 직장인의 3대 키워드 '성장' '1인분' '공정'이 모두 과제 부여 과정에서 노출이 됩니다. 어쩌면 자연스러운 현상입니다. 과거와 다른 결정적인 점이 하나 있다면 더 이상 한 회사에서 평생 직장을 꿈꾸고 있지 않다는 것입니다. 과거에는 한 회사에서 오래 일하고 특별한 이슈가 없다면 정년까지 가는 구조였습니다. 길게 일하는 과정에는 단계별로 하는 일도, 역할의 수준도, 일하는 방식도, 평가와 승진의 기회도 나름대로 예측할 수 있었습니다. 그리고 내가 룰을 따른다면 언젠가는 자신에게도 기회가 온다는 기대가 있었습니다. 그런데 지금은 평생 직장이란 개념도 사라졌고 어느 누구도 이를 기대하지 않습니다. 그래서 지금 하는 일이 중요하고 그 일에 대한 명확한 인정과 보상이, 또 내가 기여한 것에 대한 공정하고 명확한 평가가 중요해졌습니다.

따라서 이제는 이러한 맥락을 고려한 과제 관리와 과제 부여가 필요합니다. 먼저 팀에는 담당 직무가 갖는 기본적인 일들이 존재합니다. 그리고 전사 전략 및 담당 조직의 전략과 연계하여 새롭게 추진해야 할 많은 일들이 있습니다. 리더는 과제를 정의하고 평가하고 본질적인 것을 중심으로 새롭게 디자인하는 것부터 시작할 필요가 있습니다. 많은 경우 과제를 주어진 것으로 보고 어떻게 잘 해낼 것인가를 고민하기 시작하는데 그러기에 앞서 지금 과제가 반드시 필요한 과제인지, 전략과 연계되고 본질적인 것인지부터 고려해야 합니다.

먼저 우리 팀의 일이 전사 전략 방향 관점에서 반드시 필요한가를 평가할 수 있어야 합니다. 더 중요하고 가치 있는 일을 위해 적당히 좋은 선택은 지우는 결단이 필요할 수 있습니다. 그보다 더 어려운 것은 반드시 필요하지만 상대적으로 가치가 낮은 일들입니다. 이런 일들은 대부분 일정하게 반복되는 일들이고 꼭 내가 아니어도, 우리 팀원이 아니어도 누군가가 할 수 있는 일일 때가 많습니다. 만일 꼭 해야 하는데 가치가 낮은 일이 있다면 그대로 하기보다 더 효율적으로 할 수 있는 다른 방법을 찾아 봐야 합니다. 아웃소싱을 하든 자동화를 하든 아니면 해당 일을 없애든 근본적으로 구조를 바꾸는 방향을 고민해야 합니다. 가치가 낮은 일을 어쩔 수 없이 계속하는 것은 지속적으로 업무 갈등을 만들고 좋은 팀원을 유지하기 어려운 구조가 될 가능성이 큽니다.

일을 부여할 때는 일의 목적과 가치를 명확하게 소통해야 합니다. 우리가 이 일을 하는 것이 내부 구성원이나 고객에게 매우 중요한 가치가 있고 그 일을 통해 더 많은 기회를 만드는 과정이라면 구성원이 충분히 공감할 수 있도록 설명하는 것이 필요합니다. 그러나 중요하다고 말로만 강조하는 것으로는 충분하지 않습니다. 중요하다는 것의 의미는 회사가 중요한 가치로 인정하고 그렇게 평가하고 있는가의 문제입니다. 따라서 이 일이 우리 팀에 반드시 필요하고 중요하다면 이 일을 잘 해냈을 때 그에 상응하는 평가와 인정이 뒤따라야 합니다. 그래서 리더는 본질적인 과제를 중심으로 일을 재편하고, 각 과제의 목적과 가치를 명확히 한 후, 어떤 기준으로 평가할 것인지를 통해 구성원이 일의 가치와 의미를 알고 참여하도록 이끌어야 합니다.

리더는 과제를 부여할 때 일의 목표만이 아닌 성장 목표를 함께 이야기할 수 있어야 합니다. 이 일을 통해 무엇을 기대하고,

정답 없는 세상에서 리더로 살아가기

이 일을 성공적으로 완수하면 무엇을 할 수 있게 되는지, 이것이 장기적으로 성장과 커리어에 어떤 도움이 될 수 있는지를 원온원 미팅 과정에서 이야기 나눌 수 있어야 합니다. 그러기 위해서는 리더가 일을 제대로 디자인해서 부여해야 합니다. 리더가 과제를 부여할 때 기존에 하던 방식대로 주면서 새로운 성장의 기회를 발견하라고 말할 수는 없습니다. 더 중요한 가치를 만들기 위해 어떤 새로운 시도와 실험을 할 것인지, 그 과정에서 배워야 할 것이 무엇인지를 반영해서 제대로 일을 디자인해야 합니다.

구성원의 업무량도 세심하게 살펴야 합니다. 만일 기존에 이미 많은 일을 하고 있다면 새로운 과제를 부여하기 전에 기존 일을 재조정해야 합니다. 보통 어렵고 중요한 일은 일을 잘하는 핵심 인재들에게 돌아가는 경우가 많습니다. 반드시 성공하고 성과를 내야 하기 때문에 리더도 믿을 만한 사람에게 과제를 부여하기 때문입니다. 그러다 보면 핵심 인재들에게 많은 일이 몰리기 마련입니다. 사실 회사가 일을 물리적으로 공평하게 나눌 수는 없습니다. 일을 잘하는 사람이 일이 더 많은 것은 자연스러운 현상입니다. 그렇지만 이로 인해 구성원이 소진되지 않도록 해야 합니다.

마지막으로 구성원의 입장에서 어렵고 힘든 일을 회피하고 싶은 것도 어찌 보면 당연합니다. 일이 잘 되지 않고 실패하면 그로 인해 받게 되는 낮은 평가가 우려되기 때문입니다. 지금 함께 일하는 구성원은 수많은 경쟁자 중 우리 회사에 올 만큼 탁월한 역량과 잠재성을 가진 구성원이었습니다. 구성원들도 자신이 잘하는 일을 통해 인정받기를 기대합니다. 그런데 어떤 일은 정말 쉽지 않은 일들이 있습니다. 여러 이해관계가 복잡하게 얽혀 있거나 당장 마땅한 답을 얻기 쉽지 않은 일들도 있습니다. 기존 선례도 없고 어느 누구도 전문성이 없는, 그래서 벤치마킹할 수도, 참고할 수 있는 것조차 부족한 일들도 있습니다. 최근에는 비즈니스 모델 자체가 변화하면서 이런 일들이 많아지고 있습니다. 그런데 정작 중요한 성과는 이런 일에서 발생합니다.

따라서 구성원이 두려움으로 주저하지 않도록 돕는 장치가 필요합니다. 어렵고 힘든 일을 구성원에게 스스로 알아서 잘 하라고 하면 그것을 감당하기란 쉽지 않습니다. 이런 일은 당장의 답은 없지만 리더가 원온원 미팅을 통해 지속적으로 같이 아이디어를 보태고 참여하면서 지원을 해 주어야 합니다. 무엇보다 이런 일들은 평가 기준도 달라야 합니다. 성공과 실패만으로 평가하는 것이 아니라 어렵고 힘든 일의 시행 과정에서 학습과 축적되는 과정에서 의미를 강조하고, 그러한 노력을 평가할 수 있어야 합니다. 이런 과정에 대한 충분한 논의를 통해서 과제가 부여된다면 구성원들은 그래도 공감할 것이고 어렵고 힘든 일이지만 기꺼이 동참할 가능성이 있습니다.

적용해 보기

● 팀원에게 과제를 부여했을 때 불만이 제기되는 경우가 있었나요? 어떤 이유입니까? 왜 이런 일이 발생하고 있을까요?

● 보다 의미 있는 일을 제대로 할 수 있도록 하기 위해 현재 팀 과제 중 조정해야 할 것이 있나요? 전사 전략에 기여도가 크지 않아 줄일 수 있는 업무나 이미 충분히 루틴하게 반복되는 업무 중 더 효율화할 수 있는 업무가 있나요? 있다면 그것은 무엇입니까? 어떻게 조정할 수 있나요?

● 팀의 평가 기준 및 원칙과 팀 과제는 어떻게 연계가 되어 있나요? 팀원이 자신이 맡은 과제를 중요하게 생각하고 제대로 일하면 그에 상응하는 평가를 받도록 평가 원칙과 기준을 조정해야 한다면 어떻게 할 수 있나요?

● 팀원의 경험, 역량, 과제 난이도, 업무량을 고려할 때 팀원별 업무는 적절하게 배분이 되었나요? 조정이 필요한 사람은 누구입니까? 어떻게 조정을 할 수 있을까요?

● 팀원들이 맡은 과제에 따라 현재 진척 과정에서 갖는 어려움과 이슈가 다를 수 있습니다. 팀원들은 현재 어떤 어려움을 갖고 있고 리더로서 어떻게 지원하고 있나요? 시급히 지원이 필요한 사람은 누구입니까?

크리티컬 모먼트
4

리더의 우선순위와
팀원의 업무 우선순위가
일치하지 않을 때

"열심히 하는데 늘 핀트가 맞지 않는 구성원이 있습니다. 너무 세부적인 것에만 관심이 있고 본질을 놓치는 경우가 많습니다. 심지어 이번 일은 타이밍이 핵심이었는데 아직 책상에 앉아 고민만 하고 있어 이미 실기失機한 것 같습니다."

"팀의 특성상 수시로 새로운 일이 생겨납니다. 일의 경중과 시급성을 고려해 일을 처리해야 하는데, 번번히 납기를 맞추지 못해 쫓기듯 일하는 구성원으로 인해 고민이 됩니다."

정답 없는 세상에서 리더로 살아가기

리더들이 리더십을 발휘하는 방식은 결국 리더의 말과 행동입니다. 리더는 끊임없이 회사의 전략과 일의 방향에 대해 이야기합니다. 그리고 이를 기반으로 팀원에게 과제를 부여하고 진행과정에서 자신의 의견과 피드백을 주며 기대하는 방향으로 이끌고 나가기 위해 노력합니다. 이 정도 말했으면 팀원들이 리더의 생각과 마음을 잘 알아줄 것이라 생각하지만 실상은 그렇지 않은 경우가 많습니다. 심지어 너무 열심히 노력하고 고생하는데 도대체 저 일을 왜 하고 있는지 알지 못하겠고 정작 중요한 일은 시작도, 시기도 다 놓치고 있는 경우가 많습니다.

생각보다 다른 사람의 마음을 알기는 어렵다

시카고 경영대학원 행동과학 교수인 니콜라스 에플리Nicholas Epley는 『마음을 읽는다는 착각Mindwise』이라는 책에서 재미있는 설문 결과를 소개하고 있습니다.[12] 온라인을 통해 미국인 500명에게 타인의 마음을 들여다볼 수 있는 '뇌망원경'이 발명되었다고 가정하고, 이 장치를 사용하면 다른 사람들의 생각과 감정을 완벽하게 알 수 있다고 상상하게 한 뒤, 어떤 사람에게 이 망원경을 사용하고 싶은지 물었습니다. 사람들은 누구의 생각을 알고 싶어 했을까요? 부자? 유명인? 아니면 영향력 있는 사람? 실제 응답했던 사람들의 대답은 조금 달랐습니다. 대다수가 오히려 가까이 있는 사람, 특히 배우자나 연인을 비롯해 함께 일하는 상사 그리고 동료들의 마음을 알고 싶다고 응답합니다. 응답자들은 자신과 가깝고 중요한 사람들의 마음을 보고 싶어 했다는 것입니다. 그 말은 오히려 가까이 있는 사람들의 마음을 명쾌하게 알기 어렵다는 것을 뜻하기도 합니다.

때로는 자신에게 너무 명확하고 쉽고 당연한 이야기가 다른 사람에게는 도저히 일기 어려운 현상도 자주 접하게 됩니다. 이와 관련된 재미있는 실험 연구가 있습니다. 스탠포드 대학의 엘리자베스 뉴턴Elizabeth Newton이 진행한 소위 '탭퍼Tapper와 리스너Listener' 연구입니다.[13] 먼저 참가자들은 탭퍼 또는 리스너로 역할을 나눕니다. 탭퍼에게는 당시 사람들에게 아주 잘 알려진 25곡의 노래 목록을 보여줍니다. 그리고는 그중 한 곡을 선택하여 테이블 건너편에 앉은 리스너가 들을 수 있도록 노래 박자에 맞춰 리듬을 두드리도록 요청했습니다. 즉 탭퍼가 마음속으로 노래를 부르면서 테이블에 리듬에 맞춰 두드리면 청취자인 리스너는 테이블 박자 소리를 듣고 노래 제목을 맞히는 실험을 한 것입니다. 그후 탭퍼들에게 리스너들이 얼마나 노래를 잘 맞힐 것으로 예상하는지 의견을 물어보았습니다. 탭퍼 입장에서는 너무 쉽고 다 아는 노래를 리듬에 맞춰 테이블을 두드렸으니 누구나 다 알 수 있을 것으로 생각하기 쉽습니다. 실제 탭퍼들이 예상한 정도는 10~95%까지 다양했지만 평균적으로는 50% 정도였습니다. 즉 적어도 절반 정도는 자신이 들려주는 박자 소리를 들으면 어떤 노래인지 알아맞힐 것으로 예상한 것입니다. 그렇다면 실제 결과는 어떠했을까요? 결과는 120번의 시도 중 3번, 고작 2.5%였습니다. 예상과는 너무 큰 차이를 보여줍니다.

탭퍼들의 예상 정답율과 리스너의 실제 응답 사이에 큰 격차가 나는 이유는 무엇이었을까요? 탭퍼가 노래 리듬에 맞춰 박자를 두드릴 때는 테이블에 부딪혀 나는 소리보다 훨씬 더 많은 것을 경험하게 됩니다. 그들의 마음속에는 노래에 맞는 멜로디, 리듬, 가사가 실제로 들리고 느껴지듯 생생하게 다가오지만 듣는 리스너 입장에서는 그저 둔탁한 비트만이 전달되는 것입니다.

뉴턴은 새로운 그룹을 대상으로 이번에는 리스너 그룹에도 노래 제목을 알려주었습니다. 이제 리스너 그룹도 탭퍼와 같이 멜로디, 하모니, 박자와 가사 등을 연상하며 탭퍼가 두드리는 소리를 듣고 노래 제목을 맞히는 실험에 참여합니다. 이번에는 리스너에게 자신들이 얼마나 정확하게 맞힐 수 있는지를 물어보았습니다. 이들도 앞선 실험의 탭퍼처럼 약 50% 정도는 맞혔을 것이라고 응답합니다. 그 결과는 어땠을까요? 이번에도 정답율은 2.5%에 불과했다고 합니다.

리더와 구성원 간에도 이러한 간극은 존재할 가능성이 큽니다. 리더 입장에서 오랫동안 반복해서 듣고, 또 리더 자신도 구성원에게 같은 비중과 강도로 전달했다고 생각한 만큼 이 정도면 그 중요성이나 일의 방식은 충분히 구성원에게 전달되었다고 생각할 수 있습니다. 리더에게는 너무 당연하고도 절박한 문제이기 때문입니다. 그런데 안타깝게도 구성원에게는 그저 둔탁한 소리로 다가왔을 가능성이 있습니다. 반대로 구성원의 관점에서는 담당하는 과제를 해결하는 과정에서 자신의 입장에서 당연히 중요하다고 생각하는 이슈와 중요 지점이 또 리더와 다를 수도 있다는 것입니다.

구성원과 일의 우선순위와 방향은 명확히 소통하는 것이 필요하다

만일 상사(임원 또는 CEO)가 자신에게 올해 담당해야 할 가장 중요한 과제 5가지가 무엇인지 물었다고 생각해 봅시다. 그리고 상사가 기대하는 5가지와 자신이 생각하는 5가지를 비교해 보면 얼마나 일치할까요? 상사가 중요하게 생각하는 과제 중 내가 미처 생각하지 못한 과제가 있거나 또는 자신이 정말 중요하게 생각한 과제를 상사는 전혀 마음에 두고 있지 않다면 어떨까요? 아마 그렇다면 자신의 커리어에 치명적인 결과로 이어질 가능성이 클 것입니다. 그 상태라면 기대하는 결과와 목표를 달성할 수도 없고 아무리 열심히 노력한다고 해도 이 일을 통해 성과를 만들 수 없기 때문입니다. 이처럼 조직 목표 또는 상사의 과제 우선순위와 자신이 맡은 일의 우선순위를 일치시키는 것은 너무나 중요한 과정입니다.

리더로서 팀원과 일의 우선순위를 일치시키는 것은 일의 출발점이 됩니다. 팀원이 리더가 기대한 일의 우선순위를 명확히 이해하고 이에 맞게 일하고 있는지 점검하고 명확히 가이드할 필요가 있습니다. 과제 자체가 명확하게 일치하면 이제는 각 과제가 올바른 방향으로 가도록 이끌어야 합니다.

팀에는 여러 구성원이 있고 수많은 일이 동시에 진행되다 보니 어느 정도 지난 시점에 일의 과정을 살펴보게 되는데 이때 서로 생각이 달라 당황스러운 경험을 하기도 합니다. 이 과제에 대한 리더의 기대와 팀원의 수행 간 차이가 크게 벌어진 것입니다. 왜 이런 일이 벌어지게 된 걸까요? 여러 이유가 있을 것입니다. 과제를 부여할 때 제대로 된 설명이 부족했을 수도 있습니다. 당연히 이해할 것으로 생각했거나 또는 리더조차 명확하지 않거나 설명이 어려워서 제대로 설명이 되지 않을 때도 있습니다. 어쩌면 리더는 과제를 충분히 설명했다고 생각하지만 팀원이 명확하게 이해하지 못했을 수도 있습니다. 한편으로는 팀원이 이 일을 풀어가는 방법을 제대로 몰라서 그럴 수도 있습니다. 그러다 보니 결과적으로 기대한 방향과 많이 멀어지고 다시 시작해야 하는 일이 종종 발생하기도 합니다.

이런 일이 발생할 수는 있지만 반복되지 않도록 하는 것이 중요합니다. 그럼 어떻게 해야 할까요? 고성과를 만드는 탁월한 리더들이 보이는 방법 중 하나를 소개해 보려고 합니다. 보통은 리더가 과제를 부여하면 팀원은 잘 듣고 이해한 후 과제를 추진하게 됩니다. 그런데 탁월한 성과를 내는 리더들의 접근 방법은 조금 다른 면모를 보여줍니다. 한 단계를 더 포함합니다. 먼저 리더가 과제를 충분히 설명합니다. 목적과 기대, 결과물, 마감 기한, 고려사항 등 이 일과 관련해 공유해야 할 모든 사항을 가능한 범위에서 충분히 전달합니다. 그리고 일을 부여하는데 그후 바로 일을 착수하는 것이 아니라 팀원이 해당 업무를 어떻게 이해했는지, 어떻게 추진할 것인지에 대한 업무 계획을 수립하도록 하고 다시 이야기하는 시간을 갖는다는 것입니다.

리더가 과제를 부여하고 나면 짧으면 30분 후, 또는 팀원이 당일 중 편한 시간에 다시 과제에 대해 논의하는 시간을 갖습니다. 이때는 리더가 아니라 팀원이 자신이 해야 할 과제의 목표와 방향을 가지고 이야기합니다. 이번 일에 대한 맥락과 배경은 무엇인지, 이 일을 통해 기대하는 목적과 목표가 무엇인지, 그래서 지시받은 구체적인 업무가 무엇인지, 이 일을 통한 최종 결과물은 무엇이고 어떤 형태로 만들 것인지, 언제 중간 경과 논의를 하고 언제까지 완성할 것인지를 간단히 메모하고 정리해서 리더와 이야기하는 시간을 갖습니다. 이때 별도로 거창한 장표(보고서)를 준비하지는 않습니다. 간단한 메모로도 충분합니다. 중요한 것은 팀원 자신이 이해하고 또 하고자 하는 바를 리더와 명확히 이야기하면서 서로 목적과 방향, 기대 결과물에 대한 미세 조정 시간을 갖는 것입니다.

이 과정에서 리더의 설명 중 불명확한 것들도 드러납니다. 아직 충분히 이해가 되지 않았거나 파악되지 않은 것이 있다면 이 자리를 통해 확인할 수 있습니다. 때로는 리더조차 명확하지 않은 영역이 있을 수도 있습니다. 그렇기 때문에 명확하게 하기 위해 무엇을 더 확인할 것인지, 또 자율성을 갖고 창의적으로 시도해 볼 수 있는 것이 무엇인지를 이야기할 수 있습니다. 이 과정을 거치면 팀원이 일에 대한 불필요한 시행 착오와 시간 낭비를 줄이고 바로 본질적인 업무에 착수할 수 있게 되는 장점을 갖게 됩니다.

사실 우리는 그동안 과제를 추진하는 과정에서 명확하게 정의하고 방향을 구체화한 후 일을 시작하기보다는 대략적인 방향에서 시작하는 일이 의외로 많이 있습니다. 지시하는 리더조차 명료하지 않고, 지시받는 구성원도 어느 정도 이해하지만 아주 명쾌하지 않은 상태에서 일을 하면서 맞춰가는 경우가 많습니다. 물론 일 자체가 그렇게 단순 명쾌하게 정의되기 어려운 것도 사실입니다. 그럼에도 불구하고 리더가 일을 부여할 때는 이 일의 목적과 기대 결과물, 기한 등에 대해서는 합의를 할 수 있도록 구체화하여 과제를 부여할 수 있어야 합니다. 애매하게 시작한 일은 진행 과정에서 수많은 문제를 야기할 수밖에 없습니다. 리더와 구성원이 일의 우선순위를 일치시키는 과정과 일의 세부 사항을 구체화하는 과정은 간단하지만 일을 한 방향으로 이끌어가는 매우 중요한 실천이 될 수 있습니다.

적용해 보기

- 상사가 기대하는 담당 조직의 최우선 과제 3가지는 무엇입니까? 그 것이 나의 생각과 얼마나 일치하나요? 만일 차이가 있다면 무엇입니 까? 어떻게 조정해 나갈 수 있을까요?

- 팀원에게 각자의 업무 우선순위를 정리해 보도록 하고, 이를 주제로 원온원 미팅을 해 보시기 바랍니다. 팀원의 업무 우선순위와 리더로 서 팀원에게 기대하는 업무 우선순위는 일치하고 있나요? 어떤 차이 가 있나요? 어떻게 조정해 나갈 수 있을까요?

- 팀원의 업무 우선순위와 리더의 업무 우선순위가 차이가 나는 이유는 무엇입니까?

- 팀원이 일을 추진하는 과정에서 일의 목적과 기대, 결과물, 중간 보고, 완성일, 핵심 작업 내용에 대해서는 일이 본격적으로 추진되기에 앞 서 명확하게 점검할 필요가 있습니다. 팀원과 과제를 추진하기에 앞 서 원온원 미팅에서 과제 논의를 계획해 보시기 바랍니다.

업무 추진 배경 및 목적	
최종 결과물	
보고 방식 및 주기	
최종 완료 시점	
주요 작업 내용	
기타 고려사항	

기존 사업에 익숙한 구성원을
새로운 사업에 따른 미래 역량으로
전환해야 할 때

"회사의 성장 전략이 새롭게 재조정되면서 담당하는 조직의 일도, 요구되는 역량도, 일하는 방식도 모두 새롭게 재조정이 필요한 상황입니다. 할 수만 있다면 새로운 일에 맞는 인력으로 모두 교체하고 싶지만 현실적으로 그럴 수도 없고 또 외부 시장에도 우리가 찾는 전문성을 가진 사람이 거의 없어서 결국 기존 인력들을 새로운 사업에 맞는 역할이 가능하도록 전환해야 하는데 생각처럼 쉽지 않은 게 현실입니다."

"사업 개발 조직으로 현재 추진하고자 하는 프로젝트가 전사적으로도 사례가 거의 없다 보니 항상 새롭거나 잘 모르는 이슈가 생기고 있습니다. 구성원들도 새로운 역할을 위한 새로운 역량이 필요한 것은 알고 있는데 어떤 역량이 필요한지, 어떻게 확보해야 할지 솔직히 잘 모르겠습니다."

과거에는 리더가 담당 분야에서 가장 많은 경험과 스킬을 가진 전문가였습니다. 그래서 일을 통해 또는 별도의 기회를 통해 구성원을 가르치기도 하고 때로는 부족한 역할을 담당하며 문제를 해결해 나갈 수 있었습니다. 그런데 지금은 리더조차 경험하지 못하고 잘 모르는 분야에서 새로운 스킬을 학습해 가면서 부족한 부분을 채워야 하는 어려움이 있습니다. 더군다나 적은 인원으로 그것도 많은 업무를 동시에 해야 하다 보니 구성원의 스킬을 높이는 일에 마음은 있지만 현실적으로 엄두를 못내기도 합니다. 조직 내외부에 관련 교육이라도 있으면 좋겠지만 맡고 있는 조직에 최적화된 교육을 만나기도 어렵습니다. 그러다 보니 조직 역량을 갖추고 일을 추진하는 과정에서 많은 어려움에 직면하기도 합니다.

스킬 기반의 새로운 경제가 시작되고 있다

세계경제포럼World Economy Forum, WEF은 학자, 정치인, 경제인, 언론인 등 다양한 분야의 전문가들이 모여 세계 경제의 현안 이슈에 대해 논의하는 국제 민간회의 단체입니다. 여기에서는 매년 세계 경제의 중요한 이슈가 되는 아젠다를 발굴하고 미래를 준비하기 위한 논의를 진행합니다. 최근 WEF가 강조하는 것 중 하나는 미래 사회가 '스킬 기반의 경제'로 가고 있다고 것입니다.[14] 즉 미래 사회에 요구되는 스킬을 얼마나 빠르게 확보해서 활용할 수 있느냐가 기업이나 개인의 생존과 성장에 필수적으로 요구된다는 것입니다. 심지어 이제는 스킬이 화폐처럼Skill as the currency of the labor market 교환 가능한 가치가 되고 있다고 말합니다.

이런 현상은 이미 구체적인 현실로 나타나고 있습니다. 전 세계에서 가장 많은 사람들이 이용 중인 비즈니스 소셜 네트워크 서비스인 링크드인Linked-in은 전문 직업인의 인맥을 연결하는 앱으로 유명합니다. 같은 분야의 전문성을 가진 직업인들끼리 또는 관심 분야의 직업에 활동하고 있는 사람을 서로 연결합니다. 그러다 보니 자연스럽게 자신의 업무 경험과 전문성을 소개하고 관심 있는 기업을 찾고 연결하는 활동이 일어납니다. 링크드인은 개인이 직업(기업)을 찾거나 기업에서 해당 분야의 전문가를 찾는 채용 시장에서 가장 중요한 앱이자 서비스가 되었습니다. 링크드인은 수많은 사람의 업무 경력과 스킬이 포함된 프로필이 있는, 기업에서 채용하고 싶은 분야에서 요구되는 스킬과 경험이 수시로 오가는 공간인 것입니다.

링크드인에 따르면 사람을 채용하는 방식에 매우 급진적인 변화가 있다고 이야기합니다. 과거에는 어느 분야에서 어떤 일을 했는지에 대한 업무 경험이 가장 중요했습니다. 이 사람이 얼마나 유능한지, 미래에 무엇을 할 수 있는지를 알 수 있는 방법이 결국 과거에 어떤 일을 했는지를 통해 파악할 수 있기 때문입니다. 비슷한 일을 할 사람을 찾고 있기에 그와 유사한 일을 했던 경험과 경력을 중심으로 사람을 채용했습니다. 그런데 이제 무게 중심이 변화하고 있습니다. 앞으로 기업들이 하게 될 일은 기존과는 다를 가능성이 큽니다. 일 자체가 수시로 변화하고 있기 때문입니다. 기존에 익숙하고 잘했던 일과는 질적으로 다른 일이 생겨나고 있습니다.

그래서 기업들이 관심 갖는 것이 바로 스킬입니다. 과거에 무엇을 했는지에서 멈추지 않고 그래서 무엇을 할 수 있는가를 중요하게 생각하는 것입니다. 미래의 새로운 일이란 결국 어떤 스킬의 조합으로 할 수 있는가의 문제이기 때문입니다. 그래서 최근 인사 관리 관점에서도 스킬이 가장 중요한 요소가 되고 있습니다. 스킬을 기반으로 조직을 구성하고 심지어 승진과 보상도 스킬을 중심으로 재편하기도 합니다.

최근 구성원들이 자신의 성장을 위해 최우선적으로 고려하는 것 중 하나가 바로 이직입니다. 실제 소셜 미디어에 나타나는 직장인의 메시지 중 '이직'은 '성장'이라는 단어와 가장 밀접한 관계를 보여줍니다. 구성원은 자기 성장을 위해 기꺼이 이직을 선택한다는 것입니다. 이직을 통해 새로운 일을 경험하기도 하고 또 자신의 성장된 가치를 보상으로 인정받는 가장 쉬운 방법이기 때문입니다.

온전히 보상 관점에서 볼 때 이직은 수입을 늘리는 가장 좋은 방법이기도 합니다. 승진을 통한 보상의 상승이나 연봉 인상은 평균 3%에 불과하지만 이직을 통해서는 10~20%의 연봉 인상이 쉽게 이루어지기 때문입니다. 만일 지금 하고 있는 일에서 새로운 스킬의 확장이나 성장감을 경험하지 못한다면 구성원들은 거침없이 이직을 선택할 가능성이 큽니다.

그래서 리더의 가장 큰 관심사이자 고민 중 하나는 구성원의 미래 역량을 어떻게 확보하도록 지원할 것인가이며, 구성원 관점에서 어떻게 하면 일을 통한 성장감을 느끼도록 할 것인가 하는 것입니다. 그런데 이러한 새로운 스킬의 전환 과정에서 많은 어려움이 있다고 호소합니다.

미래 스킬 기반의 구성원 육성

지금까지 많은 기업에서 구성원 육성을 위해 사용한 방법은 IDPIndividual Development Plan였습니다. 회사의 미래 변화에 필요한 역량이 무엇인지를 정하고 이를 확보하기 위해 개별 구성원의 성장 목표를 수립해 일을 통한 성장 또는 교육을 통해 구성원을 육성시킬 수 있는 방법을 계획하고 실행하도록 돕는 과정입니다. 그런데 IDP의 상당 부분은 문서 작업에 그치는 경우가 많았습니다. 인사 부서 요구에 맞춰 양식은 채웠으나 실제 구성원의 역량 개발에 활용되지도, 이를 통해 의미 있는 성과를 만들어 내

지도 못했습니다. 그 이유 중 하나는 IDP가 개인의 미래 경쟁력이나 고용가능성 관점에서 접근하기보다는 회사에 필요한 역량을 확보하기 위해서 어떻게 구성원에게 필요한 역량을 채우도록 할 것인가에 더 초점이 맞춰져 있었기 때문입니다. 구성원도 큰 의지가 없고 조직 차원에서도 실행을 지속하지 못했던 아쉬움이 있었습니다. 그렇다면 이 변화의 시대에 어떻게 구성원의 미래 역량과 고용가능성을 높이고 회사 차원의 미래 사업을 위한 준비를 강화할 수 있을까요?

먼저 이 문제를 앞서 고민했던 유니레버의 사례를 통해 한번 살펴보겠습니다.[15] 유니레버는 생활용품의 소비재 제품을 생산하고 판매하는 기업으로 가장 혁신적인 기업 중 하나로 평가받고 있습니다. 유니레버도 인공지능 및 디지털 전환Digital Transformation으로 인해 일의 미래가 급격히 변화되는 현실을 매우 냉철하게 목격하게 됩니다. 이는 필연적으로 많은 일들이 자동화될 수밖에 없고 상당수의 일이 기계로 대체될 가능성이 크다는 것을 의미합니다. 그래서 회사는 더 이상 평생 고용을 보장할 수 없다고 선언합니다. 하지만 구성원이 미래를 준비하는 데 회사가 최선을 다해 지원할 수 있는 방안을 모색합니다.

기본적으로 유니레버는 미래에 요구되는 역량의 준비는 회사가 아닌 구성원이 스스로 책임지고 준비하는 것이라는 명확한 원칙을 갖고 있습니다. 미래 커리어에 대해 구성원이 스스로 방향을 정하고 책임을 지고 개발하는 것이고 회사 차원에서는 이를 지원하는 역할을 한다는 것입니다. 유니레버는 미래 사회가 인공지능을 비롯한 디지털 기반으로 진화하고 있기에 자동화될 수 있거나 효율적으로 아웃소싱할 수 있는 일이 아닌 반드시 사람이 가치를 만들어 낼 수 있는 일에 집중해야 한다는 것을 명확히 인지했습니다. 만약 지금 하는 일이 자동화의 영역이거나 아웃소싱으로 효율화될 수 있는 대상이 된다면 빠르게 새로운 방향으로 전환이 요구되는 것입니다.

이를 지원하기 위해 유니레버는 구성원이 자신의 미래 커리어를 디자인하고 역량을 확보할 수 있도록 돕는 '자신의 목적 발견하기Discover Your Purpose'라는 프로그램을 시행했습니다. 이 프로그램은 먼저 구성원이 자신의 목적과 정체성을 탐색하도록 돕습니다. 자신의 고유성과 강점, 열망을 탐색해서 정말 하고 싶은 일, 자기답게 잘 할 수 있는 일이 무엇인지를 진지하게 고민하도록 했습니다. 그리고 그 일이 현재 하는 일과 연속선상에 있는지, 아니면 새로운 일로 전환이 필요한지를 생각해 보도록 했습니다. 그런 다음 그 일을 지금 회사에서 실행해 볼 수 있는지, 아니면 회사 밖에서 더 좋은 기회가 있는지도 생각해 보게 합니다. 결국 자기의 미래 성장과 커리어 관점에서 자신의 목적과 정체성을 고민해 보고 그에 맞는 일을 다시 디자인해 보는 과정을 갖고 그것이 회사에서 또는 회사 밖에서 어떻게 구현될 수 있는지를 판단하도록 하는 것입니다.

이 계획을 토대로 회사는 일의 기회 또는 개발의 기회를 부여합니다. 만일 지금 하는 일에서 더 전문가로 성장하는 길이라면 그에 맞는 일의 기회를 가질 수 있습니다. 새로운 일로 전환을 희망한다면 그에 맞는 역량의 준비를 하고 그것이 충족되면 일의 기회를 부여합니다. 만일 회사 밖에서의 기회라면 회사가 적극적으로 준비와 탐색의 과정을 지원합니다. 단순히 회사를 위한 IDP가 아니라 구성원이 자신의 미래를 주도적으로 계획하고 책임 있게 준비하고 실행할 수 있도록 돕는 것입니다. 그리고 그 과정에서 회사가 일의 기회 또는 역량 개발의 기회를 갖도록 가능한 방법을 찾아 지원하고 있는 것입니다.

미래 역량의 전환은 매우 많은 의도적인 노력과 에너지가 요구됩니다. 그리고 이는 자신의 미래 커리어에 대한 방향과 연결될 때 비로소 스스로 책임지고 추진될 수 있습니다. 그렇기에 구성원이 스스로 자신의 미래 커리어에 대해 고민하고 리더는 구성원이 현재 일을 통해 성장 체험을 할 수 있도록 도울 수 있어야 합니다. 리더는 구성원과 지속적인 원온원 미팅 과정에서 일뿐 아니라 구성원의 성장에 대한 구체적인 논의를 나눌 수 있어야 합니다. 원온원 미팅을 통해 구성원이 자신의 성장 비전을 고민해 보도록 하고 이를 논의할 수 있다면 리더는 구체적인 일로 현실적인 지원을 할 수 있습니다. 만일 구성원의 성장 비전이 현재 일과 방향이 많이 다르다면 서로를 위해서라도 그 길을 찾도록 돕는 것이 더 현실적일 수 있습니다.

그리고 우리 조직의 미래 변화를 고려할 때 새롭게 요구되는 미래 역량이 무엇인지 리더 스스로 정의할 수 있어야 합니다. 물론 이 과정이 익숙하지도 또 쉽지 않을 수 있습니다. 그래도 담당하는 조직의 역할과 업의 정체성이 무엇인지를 전사 전략 방향에 맞추어 리더가 정의하지 않으면 그 조직에서 하는 일이 목적을 향해 제대로 움직일 수 없습니다. 그리고 이 일은 다른 누군가가 대신해 줄 수 있는 일도 아닙니다. 과거에는 인사팀HR에서 직무를 정의하고 요구되는 스킬이 무엇인지 가이드했지만 지금은 일 자체가 고정적이지도 않고 기존에 하지 않던 새로운 역할로 확장되고 있기 때문에 담당 조직에서 스스로 디자인할 수밖에 없습니다.

이것 역시 하나의 정답이 존재하는 것도 아닙니다. 내부에서 합의할 수 있는 방향으로 미래 방향을 정의하려는 노력이 필요합니다. 관련 분야 전문가가 있다면 그들의 지혜도 빌리고 내부 구성원과도 논의해서 우리 조직에서 공감할 수 있는 미래 변화를 위해 요구되는 역할과 역량이 무엇인지 조작적으로 정의할 수 있어야 합니다. 그래야 그 역량에 맞는 일을 디자인하고 일을 통해 그 일을 제대로 할 수 있는 개발의 기회를 만들 수 있기 때문입니다.

자신이 속한 산업군의 담당 직무 또는 직책에서 요구되는 스킬이 어떻게 변화하고 있는지는 링크드인의 데이터를 참고할 수도 있습니다.[16] 링크드인은 수많은 기업에서 요구되는 스킬이 과거 대비 어떻게 변화하고 있는지를 데이터를 통해 추적하고 그 결과를 보여주고 있습니다. 따라서 자신이 속한 산업과 관련 기업에서 해당 직무에서의 요구 스킬을 어떻게 활용하고 있는지를 참고하고 회사의 미래 전략 방향을 고려하여 담당 조직의 역할에 따른 스킬을 구체화하고 이를 확보하기 위한 일과 학습이 필요합니다.

또한 개별 구성원이 앞서 정의한 역량을 어느 정도 보유하고 있는지 점검하고, 각 구성원에 맞는 일과 개발의 경험을 어떻게 디자인할 것인지를 고민해 봐야 합니다. 과거에는 역량(스킬)이 거의 경험과 일치했습니다. 경험이 많은 구성원이 대부분 높은 역량 수준을 갖추고 있고 저연차 주니어들은 경험과 역량이 부족한 상태일 가능성이 높았습니다. 그렇지만 최근에는 꼭 그렇지 않습니다. 요구되는 역량이 과거 경험만으로 채워질 수 없는 것들이 많아지고 있기 때문입니다.

구성원에게도 미래 역량에 대한 준비와 책임이 본인에게 있다는 것을 명확히 주지하게 할 필요가 있습니다. 이것은 누가 대신해 줄 수 있는 일이 아닙니다. 스스로 미래 커리어 비전을 세우고 현재 하는 일에서 어떻게 더 스킬을 높일 것인지, 현재 없는 스킬

을 높이기 위해 무엇을, 어떻게 학습할 것인지를 계획하고 실천
하도록 독려하고 지원하는 과정이 필요합니다.

정답 없는 세상에서 리더로 살아가기

적용해 보기

- 산하 구성원의 커리어 비전에 대해 논의할 기회를 만들고 있습니까? 각 구성원은 어떤 정체성과 목적을 가지고 있고, 이를 위해 어떤 커리어 비전을 갖고 있나요? 구성원의 커리어 비전 달성을 지원하기 위한 일의 디자인과 개발 기회를 어떻게 지원할 수 있나요?

- 리더로서 담당 조직이 가진 업의 정체성을 어떻게 정의하고 있나요? 이 일을 하기 위해 미래 지향적 관점에서 우리 조직에 우선적으로 요구되는 스킬이 있다면 무엇인가요? 이를 확인하기 위해 누구와 논의가 필요한가요?

- 우리 조직에 필요한 역량 관점에서 구성원들이 현재 보유한 수준은 어떠한가요? 각 구성원별로 시급히 개발이 요구되는 것은 무엇입니까? 이것이 각 구성원의 미래 커리어 비전과는 어떻게 연계가 되고 있나요?

- 단위 조직 리더로서 나는 어떤 커리어 비전을 갖고 있고, 미래를 위한 역량 준비도는 어떠한가요? 나는 지금 미래를 위해 무엇을 준비하고 있고 또 준비가 필요한가요?

일하는 방식의
변화

수시 피드백을 통한
상시 성과 관리를 적용해야 할 때

"상시 성과 관리를 위한 수시 피드백을 하고 싶지만 산적한 다른 업무로 인해 시간을 할애하지 못하고 있습니다. 신규 업무와 과제가 계속해서 증가하는 상황에서 구성원의 성과, 역량 개발을 수시로 피드백하며 상시 성과 관리하기에는 현실적으로 어려움이 있는 게 사실입니다."

"상시 성과 관리 체계로 바뀌고 원온원 미팅을 강조하는데 뭘 어떻게 해야 할지 솔직히 잘 모르겠어요. 챙겨야 할 과제로 시간은 부족하고 구성원은 많은데 언제 일일이 만날 수 있을지. 그리고, 매번 업무 미팅을 통해 이야기하는데 굳이 따로 원온원 미팅을 하면서 어색한 대화가 필요한지 모르겠어요."

최근 많은 기업들이 상대평가에 기반한 성과 관리 방식에서 벗어나 수시 피드백을 통한 상시 성과 관리로 이동하고 있습니다. 성과 관리의 핵심은 이번 한 번만이 아니라 앞으로 계속해서 더 좋은 성과가 나오도록 성장을 돕는 과정이어야 하는데 기존의 방식으로는 실질적인 목표 달성에도, 구성원들의 성장에도 큰 도움을 주지 못한다는 인식이 많았기 때문입니다.

상대평가는 절대평가로 전환되고 있고 연말에 일회성으로 평가하던 방식에서 수시로 피드백하고 코칭하는 과정으로 바뀌고 있습니다. 이처럼 상시 성과 관리 방식으로 전환하면서 회사 내에는 상시 피드백을 위한 별도 시스템이 도입되기도 합니다. 그리고 이제 본격적으로 리더들에게 새로운 역할을 요구하고 있는 상황입니다. 최근 상시 성과 관리와 함께 강조되는 것이 '원온원 미팅'입니다. 리더가 구성원과 일대일로 주기적으로 만나 일과 성장을 돕는 원온원 미팅이 바로 상시 성과 관리를 위한 핵심 방법론이기 때문입니다. 상시 성과 관리가 잘 작동되지 않는다는 것은 다른 말로 하면 원온원 미팅이 잘 이루어지지 않고 있다는 것을 의미합니다.

대부분의 리더들은 상시 성과 관리 방식의 전환과 이를 위한 원온원 미팅의 강조 방향을 충분히 이해하고 있습니다. 최근 일의 변화나 구성원의 다양성을 고려할 때 개별화된 성과 관리가 필요하다고 생각하기 때문입니다. 그리고 과거 상대평가로 인해

겪었던 수많은 부작용을 리더와 구성원 모두 잘 알고 있습니다. 그런데 안타깝게도 이러한 수시 피드백에 기반한 상시 성과 관리가 아직 제대로 작동되지 않는 것이 현실입니다.

많은 기업이 상시 성과 관리 방식으로 전환은 했지만 아직 우리의 일상적인 일하는 방식으로 자리잡지 못하고 있습니다. 이는 단순히 평가 그 자체 하나만의 문제가 아니라 리더의 일, 일하는 방식, 업무 가치, 관계 등 매우 많은 영역과 연결되어 있기 때문입니다.

상시 성과 관리를 위한 원온원[17]

먼저 리더들에게 상시 성과 관리를 위한 원온원 미팅을 시행하는 데 있어 무엇이 고민인지를 들어보았습니다. 가장 공통적으로 많이 언급된 의견은 너무 바빠서 시간을 내기가 어렵다는 것입니다. 수시로 신규 과제는 늘어나고 있고 상사는 시도 때도 없이 찾고 있는 와중에 팀원과 일일이 만나 원온원 미팅을 할 겨를이 없다는 겁니다. 그리고 업무 미팅을 통해 이미 충분히 이야기하고 있는데 굳이 별도로 만나 다시 이야기할 필요가 있는지에 대해서도 의구심을 갖고 있었습니다. 매일 보는 사이인데 무슨 더 할 이야기가 있냐고도 이야기합니다. 오히려 어색하고 민망하다는 것입니다. 심지어 팀원들에게 불편한 자리가 되지 않을까 우려 섞인 눈빛도 가득했습니다. 그동안 면담이 갖는 부정적 이미지도 한몫합니다. 면담은 무언가 문제가 있을 때 불편하고 어려운 이야기를 하는 자리였던 만큼 구성원과 일대일로 미팅을 한다는 것 자체가 구성원에게 부담으로 느껴진다는 것입니다.

그렇다면 구성원들은 어떻게 생각할까요? 사실 수시 피드백을 통한 상시 성과 관리는 구성원의 성과와 성장을 돕는 장치입니다. 과거처럼 1년에 한 번, 맥락도 전혀 없고, 납득도 되지 않는 평가 결과만이 아니라 일하는 과정에서 피드백을 접하고 더 의미 있는 성과와 성장을 돕는 과정이니 구성원이 오히려 이를 반기고 요구해야 할 영역입니다.

그런데 구성원의 반응은 극과극이었습니다. 너무 좋아하거나 손사래를 칠 만큼 극단적으로 거부하는 현상이 모두 나타났습니다. 리더와의 원온원 미팅을 통해 일의 과정에 대해서 충분히 논의하고 여럿이 있을 때 하지 못한 진솔한 대화를 가질 수 있다며 일대일 대화를 강하게 희망하는 구성원과, 과거에는 1년에 한 번만 견디면 되는 고통을 왜 이렇게 자주 반복하게 하는가라며 불편하게 생각하는 구성원으로 나뉘고 있었습니다. 이상하리만큼 중간은 없었습니다. 비중을 보면 안타깝지만 불편해하는 구성원이 훨씬 더 많았습니다.

상시 성과 관리는 경영 패러다임으로 볼 때 지금 현 시대가 요구하는 큰 흐름 중 하나입니다. 원온원 미팅도 실천 방법론으로

써 상시 성과 관리를 할 수 있는 매우 강력한 수단으로 인정받고 있고 글로벌 기업들은 리더의 가장 중요한 핵심 역할로 원온원 미팅을 꼽고 있습니다. 많은 국내 기업도 상시 성과 관리 제도와 시스템을 도입하고, 새로운 리더의 역할로 원온원 미팅을 강조하고 있지만 이것이 작동하기 위해서는 몇 가지 고려할 사항이 있습니다.

먼저 원온원 미팅이 리더에게 있어 시간 날 때 하는, 하면 좋은 부가적인 일로 인식하는 것이 아니라 원온원 미팅을 통해 일의 성과와 구성원의 성장을 돕는 가장 중요한 역할로 우선순위가 바뀌어야 합니다. 이는 리더의 역할이 자신이 직접 일을 통해 성과를 만드는 역할에서 다른 사람을 통해, 또 다른 사람과 함께 더 큰 성과를 만드는 역할로 전환되었다는 것을 의미합니다. 그래서 리더의 일이란 함께 하는 구성원이 제대로 일하고 기대 이상의 성과를 만들며 조직이 더 큰 시너지 낼 수 있는 환경을 디자인하고 일을 통해 성장하도록 하는 것이어야 합니다. 이러한 역할이 이루어지는 공간이 바로 원온원 미팅 자리입니다.

원온원 미팅을 리더가 어쩌다 짬을 내어 하는 것이 아니라 리더가 가장 먼저 해야 할, 가장 자주 하는 주된 것으로 전환해야 상시 피드백을 통한 의미 있는 성과 관리가 작동될 수 있습니다. 많은 글로벌 혁신 기업들은 리더십을 판단할 때 복잡하게 여러 가지를 논하지 않습니다. 원온원 미팅의 빈도와 질을 통해 리더십을 판단하기도 합니다. 리더가 원온원 미팅을 주기적으로 하는지, 그 시간이 구성원에게 의미 있는 시간이 되고 일의 성과와 성장에 도움이 되었는지로 판단한다는 것입니다. 그래서 원온원 미팅을 리더에게 있어 가장 생산성 높고 가장 중요한 일로 보고 이를 강조하고 있습니다.

그렇기 때문에 원온원 미팅에 대해 제대로 이해할 필요가 있습니다. 원온원 미팅이 다른 일반 미팅과는 어떻게 나를까요? 실제 많은 리더들이 이미 업무 미팅을 통해 충분히 이야기 나누고 있는데 별도의 원온원 미팅이 필요하냐고 반문하기도 합니다. 그런데 일반 미팅과 원온원 미팅은 큰 차이가 있습니다. 일반 미팅은 기본적으로 특정 토픽을 위해 여러 관련 사람이 모여 함께 논의하는 자리입니다(one topic, multiple people). 공통의 이슈를 빠르게 공유하거나 문제를 해결하기 위해 아이디어를 모으고 의사결정하기 위한 미팅으로 필요할 때 모이는 것을 말합니다.

반면 원온원 미팅은 한 명의 구성원과 함께 그와 관련된 모든 이슈를 심도 있게 주기적으로 논의하는 자리입니다(one person, multiple topics). 해당 구성원이 담당하는 일은 잘 되어가는지, 일하는 과정에서 어떤 어려움이 있는지, 해결해야 하는 문제가 무엇이고 리더로부터 어떤 도움이 필요한지, 새롭게 발견하고 해보고 싶은 것은 무엇인지, 다음에는 어떤 일이 진행되는지, 일을 통해 배우고 성장하고 있다고 느끼는지, 우리 조직의 시너지를 위해 제안하고 싶은 것은 무엇인지 등 일대일로 오롯이 해당 구성원에게 집중해서 이야기를 나누는 시간입니다. 따라서 온원원 미팅은 개별 구성원에게 필요한 세심한 대화를 할 수 있는 가장 효과적인 기회입니다.

원온원 미팅을 통해서 리더는 구성원을 제대로 이해하고 평가할 수 있습니다. 1년에 한 번, 전체 과제와 성과를 평가하고 피드백하는 것과는 차원이 다를 수밖에 없습니다. 이뿐만이 아닙니다. 원온원 미팅은 리더를 성장시키고 새로운 아이디어를 얻는 매우 의미 있는 기회이기도 합니다. 리더는 현재 일을 통한 성과도 중요하지만 계속해서 미래를 위한 전략과 아이디어를 발굴하고 다음 성장을 위한 준비를 해야 합니다. 일에 대해, 조직에 대해 리더가 새로운 아이디어를 얻을 수 있는 가장 좋은 소스를 바로 원온원 미팅을 통해 얻을 수 있습니다.

팀원들은 최일선 현장에서 고객을 만나고 경험하면서 수많은 경험과 인사이트를 갖고 있습니다. 원온원 미팅 시간은 각 구성원의 인사이트와 아이디어를 들을 수 있는 기회이면서 또 조직이 갖는 다양한 상황과 맥락을 가장 진솔하게 파악할 수 있는 자리입니다.

이렇게 되기 위해서는 원온원 미팅 시간이 서로에게 의미 있는 대화의 자리여야 합니다. 구성원에게 불편하고 어색한 시간이 아니라 자신이 안전하게 어떤 대화도 나눌 수 있는 자리가 되어야 합니다. 그런데 간혹 원온원 미팅이 공식적으로 구성원을 야단치고 혼내는 자리로 잘못 활용되는 경우도 있습니다. 벼르고 벼르다 마치 쏟아내듯 일방적인 지적질의 시간이 된다면 더 이상 원온원 미팅을 기대하는 구성원은 없을 것입니다. 그러다 보니 원온원 미팅을 제대로 하기 위해서는 리더에게도 의도적인 훈련과 연습이 필요합니다.

효과적인 원온원을 위한 기본기

그렇다면 어떻게 원온원 미팅을 하는 것이 효과적일까요? 많은 리더들이 원온원 미팅을 하고 싶지만 어떻게 하는지 제대로 배워본 적도, 직접 경험해 본 적도 없어 어려움을 느낍니다. 원온원 미팅에 정해진 하나의 방법이 있는 것은 아니지만 그래도 몇 가지 중요한 원칙은 있습니다. 첫째, 원온원 미팅은 생각나는 대로, 닥치는 대로 하는 것이 아니라 주기적이고 계획적으로 하는 의도적 대화여야 합니다. 따라서 리더는 반드시 사전에 일정을 잡고 계획적으로 준비해서 만나려는 노력이 필요합니다. 이미 원온원 미팅이 일상적 업무로 자리잡은 기업들의 경험에 따르면 원온원 미팅은 일주일 또는 격주 1회를 권장합니다. 너무 길어지면 효과가 급격히 떨어지기 때문입니다. 특히 4주를 넘어가면 그 효과는 극적으로 반감된다고 말합니다.

정답 없는 세상에서 리더로 살아가기

만일 산하 구성원이 많아서 혼자서 다하기 어렵다면 어떻게 해야 할까요? 그렇다면 가능한 주기를 갖고 만나되 중간에 파트 리더와 같이 역할을 도울 수 있는 구조를 만들어 중간 리더들이 보다 자주 구성원과 만나 원온원 미팅을 할 수 있도록 돕고, 리더는 중간 리더를 돕는 방법을 적용할 수도 있을 것입니다. 일정과 관련하여 추가로 고려할 것은 리더와의 원온원 미팅을 잡았지만 다른 급한 일정으로 부득이 조정이 필요한 경우도 발생합니다. 가령, CEO 보고가 생기거나 또는 급한 일정이 수시로 발생할 수 있기 때문입니다. 그렇다면 양해를 구하고 가능한 빠른 시간에 일정을 잡아 가급적 건너뛰지 않도록 하는 것이 중요합니다.

둘째, 원온원 미팅은 리더가 하고 싶은 이야기를 쏟아 내는 시간이 아니라 구성원이 필요한 이야기를 할 수 있도록 하여 구성원의 이야기를 듣고 돕는 시간입니다. 따라서 구성원이 대화의 주제를 미리 정하도록 하고 구성원이 좀 더 주도적으로 이야기하도록 독려할 필요가 있습니다. 물론 리더도 이 시간을 통해 구성원에게 피드백도 하고 필요한 방향도 가이드 하고, 또 갖고 있던 생각도, 기대도 공유해야 합니다. 그래서 대략 7:3 정도의 원칙을 갖고 구성원이 약 70% 정도를 주도하고 리더는 잘 경청하며 돕는다면 의미 있는 시간으로 활용할 수 있습니다.

셋째, 원온원 미팅을 할 때는 온전히 집중하는 것이 필요합니다. 많은 리더들이 바쁜 일정이 많다 보니 원온원 미팅을 하면서도 수시로 핸드폰과 메일 등을 확인하며 산만한 모습을 보이기도 합니다. 그러면 구성원은 어떤 마음이 들까요? 자신과의 시간에 리더가 집중하지 않는다고 생각하고 그 시간을 오히려 부담스럽게 느낄 가능성이 큽니다. 오롯이 집중해서 대화를 나누는 것만으로도 구성원의 신뢰를 얻을 수 있습니다.

넷째, 원온원 미팅이 주기적이고 계획적으로 이루어지는 대화인 만큼 결과를 기록하고 이후 진행 사항을 추적하면서 도울 수 있도록 하는 것이 필요합니다. 만일 지난 시간에 했던 말을 반복해서 묻고 같은 이야기를 반복한다면 이 시간이 형식적이며 크게 도움이 되지 않다고 느끼게 될 가능성이 큽니다. 따라서 원온원 미팅은 나눈 이야기를 기록하고 이후에 어떻게 진척이 되고 있는지를 논의해야 생산적인 시간이 될 수 있으며 피드백의 결과를 통한 변화를 이끌어 낼 수 있습니다. 효과적으로 원온원 미팅을 하는 리더들의 지혜를 빌리면 원온원 미팅의 결과를 구성원이 정리해서 공유하는 것을 추천하기도 합니다. 구성원 스스로 원온원 미팅의 내용을 정리하고 기억하도록 하면서 다음 미팅 전까지 해야 할 일을 계획하고 실천하도록 도울 수 있기 때문입니다.

그렇다면 어느 정도의 시간으로, 어떻게 해야 효과적으로 진행할 수 있을까요? 정해진 원칙은 아니지만 원온원 미팅을 약 30분 정도의 대화 시간으로 볼 때, 10:10:10의 룰을 갖고 적용하는 것도 좋은 방법입니다. 첫 10분은 업무 진행 사항이나 구성원이 리더와 공유하고 싶은 사항이나 지원 요청 사항 등에 대해 구성원이 주도적으로 이야기합니다. 다음 10분 정도는 리더가 공유하고 싶은 생각과 정보, 팀원의 질문과 요청에 대한 답변, 업무 진행 사항에 대한 피드백 등을 리더가 이야기할 수 있습니다. 마지막 10분은 당일 논의 내용을 요약하고 다음 진행 사항을 협의한 후, 구성원의 평소 생각이나 고민, 조직 및 리더에 대한 피드백을 요청해 볼 수 있습니다.

많은 분들의 경험을 들어보면 원온원 미팅을 하려고 마음먹고 시작하더라도 처음에는 매우 어색하다고 이야기합니다. 그러나 진정성 있는 대화를 몇 번 경험하면 이 시간은 곧 자연스러워지고, 서로에게 의미 있는 대화의 장이 됩니다. 이 시간이 잘 진행되기 위해서는 리더는 물론 구성원도 그 취지를 공감하고 진정성 있게 참여해야 합니다. 따라서 왜 이런 원온원이 필요한지, 어떤 목적과 의도인지 충분히 공감하도록 소통하고 진행하는 과정이 필요합니다.

사실 이러한 과정이 제대로 정착하기 위해서는 팀원과의 원온원 미팅뿐 아니라, 리더 자신이 먼저 상사와 원온원 미팅을 경험할 필요가 있습니다. 상사(임원, CEO)는 원온원을 통해 단위 조직 리더(팀장)의 역할을 지원할 수 있어야 하고 리더들도 상사와의 원온원 미팅을 통해 상사의 지혜를 활용할 수 있어야 합니다. 많은 경우 팀원이 리더에게 원온원 미팅은 요구하지만 그 위의 계층, 즉 임원과 팀장, CEO와 임원 사이의 원온원 미팅은 간과되는 경우가 많습니다. 이러한 과정이 회사 전체의 일하는 문화와 분위기로 정착하고 또 리더의 일의 우선순위로 실행될 때 우리가 기대하는 상시 피드백을 통한 성과 관리와 의미 있는 변화가 시작될 수 있습니다.

적용해 보기

- 수시 피드백을 통한 상시 성과 관리 과정에서 가장 큰 걸림돌은 무엇입니까? 이 문제를 어떻게 해결할 수 있을까요?

- 원온원 미팅을 위해서는 리더의 시간을 확보하는 것이 가장 중요합니다. 리더로서 오롯이 구성원을 위한 시간을 확보한다면 어느 시간대를 확보할 수 있나요? 이 시간을 방해 받지 않기 위해서 어떤 조치를 취할 수 있나요?

- 원온원 미팅은 결국 의미 있는 대화의 시간입니다. 구성원과 원온원 미팅을 실천하기 위해서는 적극적으로 경청하고, 좋은 질문을 하고 진정성 있게 대화할 수 있어야 합니다. 이러한 대화는 저절로 좋아지지 않습니다. 의도적인 연습과 훈련이 필요합니다. 더 좋은 원온원 미팅이 되기 위해 어떤 연습과 훈련이 필요한가요? 다음 원온원 미팅에서 의도적으로 적용해 보고 싶은 것은 무엇입니까?

- 원온원 미팅은 구성원뿐 아니라 리더에게도 새로운 정보와 아이디어를 얻을 수 있는 매우 가치 있는 시간입니다. 구성원에게 듣고 싶은 정보와 아이디어가 있다면 무엇인가요? 구성원의 역할과 전문성, 관심사와 특징을 고려할 때 각 구성원에게 어떤 것을 구할 수 있을까요?

- 원온원 미팅을 통한 상시 성과 관리가 우리 조직에 잘 정착하기 위해서는 어떤 변화와 노력이 요구됩니까? 어떻게 실천할 수 있을까요?

협업 과정에서
업무 진척이 되지 않을 때

"최근 급격한 경영 환경 변화로 여러 팀이 협업해야 할 일이 많아지고 R&R이 불분명해지는 경우가 많다 보니 로드맵을 미리 설정하거나 조율이 필요한 경우가 자주 발생합니다."

"복잡성이 높아짐에 따라 개인 또는 개별 부서가 잘 하는 것뿐만 아니라, 다양한 조직과의 협업이 중요한 상황이 되고 있습니다."

"협업이 많이 이루어지는 팀이다 보니 다양한 업무를 진행하는 사람들과 일하는 과정에서 서로 우선시하는 순서도 다르기 때문에 소통이 어렵고 감정이 상하는 경우도 자주 발생합니다."

최근 우리가 직면한 많은 이슈는 매우 복잡하고 또 복합적인 문제가 대부분이다 보니 혼자 할 수 있는 일보다는 다양한 전문가가 협업해야 하는 상황이 많아지고 있습니다. 과거보다 훨씬 더 자주, 다양한 사람들과 협업을 통해 문제를 해결해야 한다는 것입니다. 조직 내부뿐 아니라 외부에 있는 팀과도 협업 기회가 늘어나고 있고 심지어 경쟁자와 협업하기도 합니다. 이제 협업은 경계 없이 일상적으로 벌어지는 일이 되었습니다.

그러나 생각처럼 협업이 쉽지 않은 것도 현실입니다. 서로 다른 목적과 이해관계가 상충하기도 하고 일하는 과정에서 수많은 갈등이 생기기도 합니다. 조직 내 구성원 간 협업도 만만치 않은데 이제는 조직 간, 심지어 단위 회사를 넘어 외부와 협력해야 하는 일로 확장되고 있는 현실에서 리더로서 이러한 협업을 통한 일의 진척을 이끄는 것이 주요한 역할이 되고 있습니다. 하지만 언제나 수많은 이슈와 현실적 어려움에 직면하곤 합니다.

협업은 새로운 문제 해결의 기회이자 새롭게 일하는 방식

2016년 말, 미국 실리콘밸리에 있는 한 은행에 강도가 들어 돈을 훔쳐 달아난 사건이 발생했습니다.[18] CCTV에 사진이 찍히기는 했지만 선명하지 않아 구분할 수가 없었고 결국 누가 범인인지 알 수가 없었습니다. 영화에서 보면 범인을 잡을 때 흐릿한 작은 사진을 IT 전문가가 키우고 확대하면서 선명하게 전환시키는 장면이 나옵니다. 그런데 이 기술이 현실 세계에서는 쉽지 않다고 합니다. 작은 화면을 크게 키우면 화질이 떨어지다 보니 흐릿한 사진을 생생한 화질로 전환하는 것은 매우 고도의 새로운 기술이 필요한 영역입니다. 이 문제를 해결하기 위해 구글팀이 참여했다고 합니다. 확보된 이미시에서 보고자 하는 대상과 관련 없는 정보는 제거하고 대상 타깃 정보는 더 선명하게, 그리고 사라진 정보는 생성해 내면서 원래 이미지를 복원하는 방법을 찾아낸 것입니다.

이 기술은 현재 다양한 상황에서 활용되고 있습니다. 가령, 야구 시합을 하고 있는 자녀의 사진을 찍었는데 안전을 위해 만든 철조망이 있어서 사진에 철조망이 같이 찍혔다고 생각을 해 보겠습니다. 만일 철조망을 지우면 더 멋지고 선명한 사진이 될 텐데 사진을 찍을 수 있는 위치에서는 철조망을 피할 수 없습니다. 구글의 기술이 바로 이러한 문제를 해결하는 데 활용되는 것입니다. 사진 속의 아이와 철조망을 구분해서 철조망을 지우고 철조망이 지워지면서 비어있는 공간은 주변 정보를 이용해 색을 채워 결국 철조망이 없는 완벽한 사진을 만들어 줄 수 있는 것입니다.

구글은 이 기술과 서비스를 어떻게 만들어 낼 수 있었을까요? 이 서비스는 특정 팀의 전문가가 아닌 수많은 조직의 다양한 전문가들이 모여 만든 협업의 결과라고 말합니다. 수많은 사진을 확보하고 머신러닝으로 학습해야 하니 인공지능을 담당하는 알파고팀이 참여했습니다. 또 해당 이미지를 검색하고 확보할 수 있어야 하니 검색팀도 참여하고, 사진 이미지를 처리하는 포토팀, 비즈니스 솔루션팀, 고객 솔루션팀 등 수많은 조직이 각기 갖고 있는 기술과 전문성을 활용해 새로운 서비스 출범이 가능했다는 것입니다.

이처럼 이제 협업은 경계 없이 일상적으로 벌어지는 일이 되고 있습니다. 특히 협업은 새로운 가치를 만드는 과정에서 반드시 거치는 과정이자 일 그 자체가 되고 있습니다. 그런데 문제를 해결하기 위해 모인 협업 과정에서 오히려 일의 진척이 멈추고 갈등이 유발된다면 더 이상 새로운 가치를 만들어 내기란 불가능에 가깝습니다. 그렇기 때문에 이제 리더는 단위 조직을 넘어 협업 과제를 이끄는 멀티 프로젝트 리더로서의 역할을 요구받고 있습니다.

성과 진척을 위한 경계 없는 협업 실천

이제 협업은 경계 없이 일상적으로 벌어지는 일이 되었지만 협업 과정이 쉽지 않다 보니 결과도 기대에 미치지 못하는 경우가 수시로 발생합니다. 협업은 서로 다른 경험과 전문성을 가진 개인 및 집단이 함께 공동의 목적을 향해 상호 소통을 거쳐 문제를 해결하는 과정입니다. 따라서 협업이 잘 되기 위해서는 다음의 3가지, 즉 실력(전문성), 공동의 목적, 소통의 문제를 해결할 수 있어야 합니다.

협업을 하는 이유는 무엇일까요? 협업의 대상은 누구일까요? 협업은 혼자 할 수 없는 일을 해내기 위해, 또는 혼자 하는 것보다 함께 할 때 기대 이상의 더 좋은 결과를 얻을 수 있기 때문에 하는 과정입니다. 따라서 협업은 상호 간에 서로에게 기대하는 바가 비교적 명확합니다. 각자가 자기 전문성을 충분히 발휘해 제몫을 해내야 유지됩니다. 협업 파트너가 기대 수준을 충족하지 못하거나 내가 제대로 역할을 수행하지 못하면 협업 자체가 진행될 수 없습니다. 협업에서 요구하는 신뢰도 결국, 각자가 자기 몫을 제대로 수행해 내는 과정에서 상대를 믿고 일을 추진할 때 발생합니다. 협업을 해야 한다면 우리 팀에 기대하는 역할과 전문성, 결과가 무엇인지를 명확히 규명하고 그 일을 제대로 할 수 있는 사람이 참여하도록 하여 일의 진척을 이끌어 낼 수 있어야 합니다. 그렇기 때문에 해당 일에 책임을 질 수 있는 사람이 참여하도록 하는 것이 관건입니다. 협업은 그저 관련 있는 조직의 사람이 모인다고 해결되는 문제가 아닙니다. 그 일에 대해 조직을 대표해서 그 분야에 책임을 지고 구조를 만들고, 아이디어를 내고 문제를 해결할 수 있어야만 그 외 다른 영역에서의 협업 파트너가 자기 역할을 통해 그 다음을 채울 수 있기 때문입니다. 따라서 만일 협업 프로젝트가 잘 추진되지 않고 있다면 각 협업의 주체가 그 일을 제대로 할 수 있는 전문가들이 모여 자기 몫을 하고 있는지를 점검해 볼 필요가 있습니다.

각 조직은 서로 다른 각자의 미션과 목표가 있고 일이 있습니다. 그런데 각 조직의 목표를 넘어 전사 차원에서 중요한 과제를 하기 위해 모인 것이 바로 협업 과제입니다. 따라서 협업 과제는 통상적으로 중요하고 시급하며 영향력이 큰 과제들이 대부분입니다. 문제는 그런 결과가 누구에게 이익이 되는가 하는 것입니다. 협업을 하기 위해서는 우리 팀의 인력이 참여해야 합니다. 우리 팀에는 이미 해야 할 중요한 많은 과제가 있습니다. 팀의 입장에서는 이 일을 통해 우리 팀의 성과를 내는 것이 무엇보다 중요합니다. 그런데 팀의 인력이 참여한 과제가 우리 팀의 성과에 긍정적인 영향을 미치지 못하거나 오히려 손해를 보는 일이 발생한다면 그 일은 진행 과정에서 갈등을 겪을 수밖에 없습니다. 리더 입장에서 협업이 우리 팀이 아닌 다른 리더에게 좋은 일이라는 인식이 된다면 어느 리더도 나서지 않을 가능성이 높습니다. 따라서 협업의 결과는 반드시 참가자, 참가 조직 및 리더 모두에게 명확한 성과로 인정받을 수 있는 구조가 되어야 합니다.

또한 각자가 추구하는 목표가 달라 이해가 상충되는 경우도 발생합니다. 예를 들어 친환경 사업을 위해 신제품을 개발, 생산,

판매해 새로운 재무적 성과를 만들기 위한 과제가 시작되었다고 생각해 보겠습니다. 이를 위해 R&D 조직, 원자재를 구매하는 조직과 생산 조직, 판매 조직이 모여 함께 공동 과제를 추진하는 상황입니다. R&D 조직의 목표는 기존 제품의 기능과 성능을 뛰어넘는 혁신적인 제품을 만드는 것입니다. 경쟁사보다 기술적 우위를 갖고 혁신 제품을 만들어 낼 수 있어야 합니다. 기술적 지표에 집중하다 보면 시장의 필요나 기내보나 훨씬 더 고도화된 기술에 집중하는 경우가 발생하기도 합니다.

원자재 구매팀은 가능한 여러 소스를 최적화해서 가장 저렴한 비용으로 최적의 시기와 물류 방식을 동원해 원료를 확보하는 역할을 합니다. 장기적으로 얼마나 더 저렴하게, 얼마나 더 빠르고 효율적으로 확보했는지가 중요합니다. 특정 국가 또는 기업의 원자재가 특정 시점에 싸다고 해서 한 곳에만 전념하기보다는 이후 변동성을 고려해 장기적 관점에서의 최적화를 고려한 구조를 만들어야 합니다. 그러다 보면 시기와 상황에 따라 부분적으로는 더 비용이 발생하더라도 전체적으로 안정적이고 경제적인 접근을 취하게 됩니다.

생산 조직은 가장 안전하고 효율적인 방식으로 생산하고, 생산 기간을 단축하며 고품질로 일관성 있게 생산할 수 있는가에 초점을 둡니다. 판매 조직은 생산된 제품을 가급적 많이 판매해 매출을 높이고, 고객과 시장을 확대하는 역할을 담당합니다. 고객과 시장을 확장하기 위해서 필요하다면 단기 성과를 조금 양보하더라도 가격을 낮추기도 하고 프로모션도 하면서 성장의 규모를 키우기 위해 노력합니다.

각 분야별 경험과 전문성을 갖춘 인력들이 모였고 자기 맡은 역할을 수행하면서 최선을 다하지만 각자가 자기 일을 열심히 하는 과정에서 서로 다른 목표에서 부딪히는 문제들이 발생하게 됩니다. 특히 각 조직의 목표와 평가 기준이 서로 다르다면 이 문제는 지속적으로 충돌할 수밖에 없고 일의 진척을 만들기가 쉽지 않을 가능성이 큽니다. 이 문제를 해결하기 위해서는 각 담당 역할 수준을 뛰어넘는 공동의 목적이 명확해야 하고 이 목적을 향한 공동의 지표가 필요합니다. 그래서 협업이 출발할 때는 참여한 조직과 구성원이 함께 추구하는 공동의 목적을 구체화해야 합니다. 각자의 최적화가 아닌 전체 최적화 관점에서 일이 추진되도록 할 필요가 있습니다. 만일 시장별 영업이익률을 공동의 목적으로 한다면 R&D 기술의 방향, 원자재 확보의 방식, 생산과 판매가 각자의 최적화가 아닌 공동의 목적을 향해 재조정되고 움직일 수 있는 토대가 됩니다. 따라서 협업 과정에서는 각자의 목표 수준이 아닌 전체가 지향하는 공동의 목적을 논의하고 합의할 때 비로소 하나의 방향으로 추진이 가능합니다.

마지막으로 협업은 결국 소통을 통해 이루어집니다. 서로 다른 경험과 지식, 전문성을 가진 사람들이 모여 공동의 목적을 향해 움직이려면 각자 생각하거나 진행하는 과정이 모두 같은 방식으로 이해되고 같은 위치에 있어야 합니다. 그런데 조직마다 사람마다 사용하는 언어 방식과 소통 방식이 다르고 이해도에도 차이가 있습니다. 서로 다 공유된 듯한데 결과를 보면 서로 다른 목소리를 내는 경우가 많이 있습니다. 협업을 통해 혁신 제품을 만드는 전문가들에 따르면 협업을 위한 소통 과정에서는 합의된 내용과 진행 사항은 반드시 눈에 보이는 방식으로 시각화화고 서술형 문장을 통해 최대한 명확하게 하여 인식을 같이하도록 하는 장치가 필요하다고 강조합니다.

소통 과정에서 고려해야 할 것이 하나 더 있습니다. 협업은 여러 조직, 사람이 함께 모여 일하는 과정이다 보니 예상하지 못했던 과정에서 수많은 충돌과 갈등이 일어나는 것이 현실입니다. 때로는 서로의 맥락을 잘 몰라서 생길 수도 있고 서로 다른 입장이 있기도 하고 수많은 이슈가 산적해 있습니다. 이런 협업에서의 갈등은 실무 담당자가 아닌 리더들이 직접 만나 문제를 해결해야 풀리는 경우가 많습니다. 리더들이 갈등을 피하려고 서로 만나지도 않고 실무자를 통해서만 메시지를 전달하는 방식으로는 서로 다른 조직이 가진 구조적 충돌을 결코 해결할 수 없습니다. 의사결정권을 가진 리더가 상대 리더를 만나 직접 오해도 풀고 서로 다른 입장도 이해하고 공동의 목적과 관점에서 필요한 합의를 해야 실무자들이 협업 과정에서 시너지를 낼 수 있게 되는 것입니다.

적용해 보기

- 협업 과정에서 가장 자주 마주치는 이슈는 무엇입니까? 그 원인은 어디에 있나요? 이 문제를 해결하기 위해 리더로서 어떤 조치가 필요합니까?

- 현재 추진 중인 협업 과제는 무엇입니까? 협업 과제 관점에서 우리 팀(또는 담당자)에게 요구되는 전문성과 역량은 무엇입니까? 이 일을 위한 최적의 실력을 갖춘 인재입니까? 리더로서 어떻게 지원할 수 있습니까?

- 협업 과제와 관련하여 담당 조직이 가진 목표와 추진하는 공동의 목적은 어떻게 연계되어 있습니까? 구성원이 공동의 목적을 향해 집중하도록 리더로서 어떻게 코칭하고 지원하시겠습니까?

- 협업 과정에서 갈등이나 이슈가 발생하고 있는 것은 무엇입니까? 실무자가 아닌 리더가 직접 해결해야 할 이슈가 있다면 무엇입니까?

일하는 방식의 전환 과정에서
생산성이 떨어질 때

"회사에서는 이미 오래전부터 자율좌석제를 시행하고 있었고, 특히 코로나를 거치면서 재택근무도 자연스러워졌습니다. 무엇보다 구성원도 원하고, 지금 같은 시대에 필요하다고는 생각하는데 그 과정에서 신속하게 소통하기 어려운 게 사실입니다."

"구성원이 좋아하는 것은 맞는데 일이 잘 될지 걱정이 앞서기는 합니다. 일이 제대로 진척되고 있는지 파악도 쉽지 않고, 중요하고 급한 과제 중심으로 챙기다 보면 연락 한 번 닿지 않고 오랫동안 방치되는 구성원도, 일도 생기다 보니 늘 불안한 마음이 있습니다."

"업무 특성상 수시로 떨어지는 업무들이 많은 편입니다. 이전에는 구성원들과 쉽게 모여 논의하고, 일을 분배하고 진행할 수 있었는데, 지금은 논의하는 것조차 쉽지 않다 보니 그냥 리더인 제가 하는 경우도 왕왕 있습니다."

많은 리더들은 일하는 방식의 혁신이 본질적으로 일을 위한 혁신이 되어야 하는데 자칫 일의 생산성이나 효과에 오히려 부정적 결과가 나타나지 않을까 하는 우려의 목소리가 높았습니다. 이전에는 한곳에 모여 근무하고 오고가며 수시로 챙기기도 해서 일의 전반을 이끌어 가는 것이 그래도 수월했는데 지금은 눈에 보이지도 않고 일이 어떻게 되고 있는지 파악도 쉽지 않다는 것입니다. 심지어 일부 구성원은 한참 동안 못보고 지나기도 하다 보니 벌써부터 연말 성과와 평가가 걱정된다고 말합니다. 구성원들도 기대와 우려가 공존합니다. 유연근무제와 같은 새로운 일하는 방식을 도입하면 불필요한 시간 낭비도 줄이고 오히려 일에 몰입할 수 있고 개인 시간도 더 확보할 수 있을 것이란 기대가 있는 반면 이렇게 했을 때 연말 평가에서 불이익은 없을지에 대한 우려도 커지고 있습니다.

일의 공간, 일하는 방식이 달라지고 있다

코로나19가 한창이던 2021년, 리더십 전문기관인 젠거 포크만Zenger Folkman의 창립자인 조세프 포크만Joseph Folkman과 줌 미팅의 기회가 있었습니다. 당시에는 코로나19로 인해 모든 것이 단절된 시기였습니다. 회사도, 학교도, 종교 활동도 모든 곳에서 비대면이 일상화되면서 원격 근무, 원격 수업, 원격 종교 활동이 본격적으로 추진되었습니다. 기업 차원에서 향후 리더십의 변화에 영향을 주는 가장 중요한 경영 환경 변화 시그널이 무엇인가라는 질문에 포크만 박사는 '원격 근무'라고 주저없이 이야기합니다. 원격 근무는 팬데믹에 의한 일시적 현상이 아니라 마치 알라딘 램프가 열리고 마법 능력을 가진 지니Genie가 세상을 바꾸는 것과 같이 리더십의 모든 영역에서 변화를 일으키고 있다고 말합니다. 과거와 달리 시간과 공간의 세약을 넘어 일할 수 있는 사회로 가고 있고 이러한 변화가 일하는 방식과 리더십의 모습을 전혀 다르게 바꾸고 있다고 말합니다.

2022년 6월, '사람인'에서 성인남녀 4,534명을 대상으로 한 조사에 따르면 직업 선택의 기준으로 재택근무를 꼽는 사람이 약 53%로 절반이 넘는 것으로 조사되었습니다.[19] 심지어 현재 재직 중인 직장인을 대상으로 한 설문에 따르면 유연근무제를 보장한다면 보상의 일부를 양보하더라도 기꺼이 이직을 고려할 것이며 만일 이직할 회사가 오로지 사무실에서만 근무해야 한다면 추가로 연봉을 요구할 것이라고 응답합니다.

이제 기업은 다양한 형태의 일하는 방식을 고민하고 설계해야 합니다. 구성원이 보다 창의적이고 혁신적인 생각과 대담한 행동이 가능하도록 새로운 일터, 일하는 방식을 디자인하고 있는 중입니다. 그중 가장 대표적인 것이 바로 유연근무제입니다.

재택근무를 포함하여 자율좌석제, 거점오피스, 선택근무제, 탄

력근무제, 시차 출퇴근제 등 다양한 행태가 논의되고 시행되고 있습니다. 무엇보다 구성원의 기대와 요구는 매우 높은 편입니다. 한 연구에 따르면 근무 유연성이 구성원 행복에 긍정적 영향을 미친다는 응답이 약 92%에 이르기도 합니다. 지금은 이러한 새로운 형태의 일하는 방식을 거부하면 우수 인재의 유입을 막을 수도 있다 보니 기업들도 매우 신중하게 고민을 이어가고 있습니다.

무엇보다 단위 조직의 성과를 이끌어야 할 리더들의 고충이 커지고 있습니다. 정답이 없는 어려운 문제를, 서로 다른 장소와 다른 시간대에 근무하면서, 직접 만나지도 않은 상태에서 소통하며 일을 추진하고 리더십을 발휘한다는 것이 여간 쉽지 않다고 말합니다. 무엇보다 성과가 하락하지 않을지에 대한 두려움이 크고, 아직 리더로서 이러한 변화 환경에서의 역할을 어떻게 해야 할지 모르겠다는 인식이 많습니다.

결국, 우리 조직에 맞는 일, 일하는 방식의 디자인이 필요하다

이 문제도 하나의 정답이 있을 수는 없습니다. 맡고 있는 산업의 분야가 다르고 일이 다르며 함께 하는 구성원의 특성도 다릅니다. 이처럼 수많은 맥락이 있는 상황에서 벌어지는 일이다 보니 한 가지 원칙과 기준을 가지고 실행하는 데는 한계가 있습니다. 앞서 이야기 한 원격 근무의 경우, 일반 사무실에서 근무하는 구성원은 그나마 시도해 볼 여지가 있겠지만 공장에서 근무하거나 연구 실험실에서 일하는 구성원에게는 고려하기 어려운 옵션이기도 합니다. 그렇기 때문에 각 조직에 맞는 일하는 방식을 설계하고 실행하는 과정이 무엇보다 필요합니다.

일하는 방식의 혁신 관점에서 최근 다양한 실험과 시도가 이어지고 있습니다. 2023년에 시행된 한 실험 연구에 따르면 유연근무 방식을 통해 생산성, 소속감 등이 모두 높아졌는데 이러한 결과의 결정적 이유는 바로 구성원들과 일하는 방식을 논의하고 합의하는 과정에 있다고 말합니다. 담당하고 있는 일의 특성과 각 구성원이 처한 상황적 맥락을 고려할 때 우리 조직이 가장 의미 있는 성과를 내기 위한 일하는 방식을 기존 관행이 아닌 구성원의 참여와 논의를 통해 합의하는 과정에서 가장 큰 성과가 시작되었다고 말합니다. 이 실험에 참여했던 한 리더는 구성원과 합의를 통해 재택근무 기회를 더 많이 선택할 수 있도록 했는데 처음에는 구성원들이 회사에서처럼 열심히 일하고 있을까에 대한 우려와 의심이 많았다고 고백합니다. 그런데 그것은 기우였고 구성원은 스스로 정한 원칙과 룰을 최선을 다해 지켰으며 일의 생산성과 효과, 팀 분위기, 소속감이 모두 좋아졌다고 말합니다.

또 한 가지 확인된 사항이 있었습니다. 결국 일하는 방식의 혁신은 일의 생산성을 높이는 방식으로 진화해야 하는 만큼 일의 특성에 맞는 '생산성'이 무엇인지, 어떻게 하면 생산성이 더 좋아지는 것인지에 대한 나름의 기준이 필요했습니다. 그런데 의외로 많은 조직이 담당하는 업무에서의 생산성을 무엇으로 볼 것인지, 생산성이 좋아진다는 것이 무엇인지를 설명하는 데 어려움을 느끼고 있었습니다. 그동안 전사 성과 목표에 맞춰 팀의 목표를 정하고 목표 달성을 위해 노력했지만 진짜 우리 팀이 기여하는 성과가 어떤 방식으로 진행되는지에 대해서는 깊게 생각해 본 적도, 스스로 기준을 세워 본 적도 없었다고 말합니다.

일하는 방식의 혁신을 제대로 추진하기 위해서는 담당 조직이 무엇을 통해 전사 성과에 기여하는지 업의 정체성에 대한 인식이 선행될 필요가 있습니다. 우리가 하는 일을 통해 어떤 성과를 만들어 내며, 이러한 성과를 만드는 핵심 인자가 무엇인지를 구체화하면 보다 생산적이고 효율적으로 일하기 위한 자신만의 방식을 찾을 수 있습니다.

우리 조직에 맞는 최적화된 일하는 방식의 혁신이라는 것도 사실 해보지 않으면 알 수 없는 영역이기도 합니다. 따라서 이 실험에서 찾아낸 또 다른 시사점이 있다면 그것은 작은 실험과 시도를 통한 탐색이 필요하다는 것입니다. 구성원과의 합의를 통해 각 조직별 일하는 방식을 정하고, 실제 적용해 보면 기대했던 성과가 나타날 수도 있고, 또 생각하지 못했던 다른 이유로 효과가 적을 수도 있습니다. 그러면 다시 새로운 실험을 통해 자신들만의 방식을 찾아보고 서로 만족할 수 있는 방식이 확인되면 그때는 담대하게 추진해 보는 것입니다. 구성원은 이러한 과정에서 리더와 회사의 진정성에 공감하고 또 스스로 고민하고 합의한 과정과 결과에 가치를 느끼게 됩니다. 비록 시행착오를 겪더라도 학습하고 성장하는 기회를 갖게 됩니다. 이 과정에서 첫 시작에서의 우려와 달리 오히려 조직에 대한 소속감과 친밀감도 더 높아졌다고 합니다.

유연근무제와 같은 일하는 방식의 혁신이 자칫 구성원의 복지처럼 또는 권리처럼 접근하면 누군가는 이를 불편해 하고 누군가는 시기하며 우리가 기대한 일의 성과로 연계되지 못하는 일이 발생하는 경우가 많습니다. 일하는 방식의 혁신은 결국 일의 디자인 문제입니다. 일이 제대로 되도록 일의 정체성을 명확히 하고, 그에 맞는 방식으로 일하는 방식을 서로 논의하고 합의해야 합니다. 그리고 작은 실험과 시도를 통해 각 조직에 최적화된 방식을 찾아보고 그것을 통해 기대했던 성과와 성장 체험을 하는 것이 바로 일하는 방식의 혁신이고, 본래의 모습입니다.

이를 위해서는 리더십 발휘 방식도 전환이 필요합니다. 이전처럼 다 같이 모여 일하지 않는 비대면 환경이라면 그에 맞는 적절한 소통법을 배워야 합니다. 일하는 방식을 전환했는데 여전히 사무실에서 보고서로 보고하기를 기대하면 사실 변화의 취지가 제대로 작동되기 어렵습니다. 지금은 새로운 맥락에 맞는 업무 도구들도 빠르게 업데이트 되고 있습니다. 우리 조직에 맞는 방식과 도구를 찾아 활용하면서 새로운 일하는 방식이 구현되도록 해야 합니다.

이를 위해 반드시 고려해야 할 결정적 조치가 바로 평가입니다. 구성원들이 어떻게 일하고 어떤 결과를 만들었을 때 인정과 좋은 평가를 받을 수 있는지 우리 조직의 성과 관리 및 평가의 원칙이 연계되어 논의되어야 합니다. 그래야 구성원은 일관성을 갖고 눈치 보지 않으며 자신감 있게 일에 몰입할 수 있습니다. 만일 재택근무를 허용했으나 사무실 근무자가 더 인정받고 좋은 평가를 받는다면 이러한 일하는 방식은 더 이상 작동되지 않을 가능성이 큽니다.

적용해 보기

- 현재 담당 팀의 일하는 방식 관련하여, 구성원의 기대와 요구가 있다면 무엇입니까?

- 담당 팀에서 가장 중요한 성과는 무엇이며, 이를 위한 핵심 과제는 무엇입니까?

- 담당 팀의 성과에 영향을 미치는 생산성 요소는 무엇입니까? 생산성이 높다는 것은 어떤 상태를 의미합니까? 생산성을 높이기 위한 핵심 인자는 무엇입니까?

- 담당 팀이 보다 유연하고 생산성 있게 일하기 위해 구성원과 합의한 일하는 방식의 혁신은 무엇입니까? 이를 구체적으로 실천하기 위한 그라운드 룰Ground rule은 무엇입니까?

- 새로운 일하는 방식이 제대로 작동될 수 있도록 하는 우리 팀의 평가 기준과 원칙은 무엇입니까? 구성원과 어떻게 공유하고 실천하도록 도울 수 있습니까?

기대에 못 미치는 결과가
반복적으로 발생할 때

"해야 할 일이 많으니 각자가 1인분 몫을 해 줘야 하는데 피드백을 여러 번 해도 질이 나아지지 않을 때는 화가 납니다. 이러다가 막판에 몰리면 다시 해야 할 것 같은 불안이 찾아오죠. 충분히 설명했다고 생각하는데 같은 일이 반복되면 어떻게 해야 할지 답답합니다."

"업무적으로 소통이 부족하다 보니 팀원의 실수가 많아지고, 실수가 많아지니 자존감이 떨어지고, 자존감이 떨어지니 또다시 실수를 반복하는 것 같습니다."

구성원이 같은 실수나 오류를 반복하면 일의 결과도 문제가 되지만 함께 일하는 구성원에게도 상당한 부정적 영향을 미치게 될 가능성이 큽니다. 요즘은 자기 몫의 1인분을 하는 것이 너무 중요한 책무가 되고 있습니다. 동료 구성원들도 1인분의 몫을 하지 못하는 구성원과는 같이 일하고 싶어하지 않고 심지어 이직의 이유가 되기도 합니다. 무엇보다 팀의 중요 과제에 차질이 생기지 않도록 또 반복적인 실수로 인해 구성원이 더 좋지 않은 평판을 받지 않고 성장의 경험이 되도록 전환하는 것이 중요합니다.

어쩌면, 리더의 문제일 수도 있다

리더들은 '늘' 전례 없는 어려운 환경에서 복잡하고 답이 없는 과제를 안고 살아갑니다. 경제 성장이 둔화되면서 저성장 기조가 장기화되는 추세이고 그러다 보니 기업은 더 적은 자원으로 더 많은 일과 성과를 달성하려고 하기에 그에 대한 압박도 커지고 있는 현실입니다. 팬데믹은 종식되고 지나갔지만 비즈니스 현실이 순식간에 변할 수 있다는 생생한 체험과 함께, 다시 이전과 같은 과거로 돌아갈 수도 없으며 오롯이 새로운 환경을 헤쳐 나가야 하는 현실에 부딪혀 있습니다.

정답 없는 산적한 과제를 해결해야 하는 리더에게 구성원의 책임감 있는 자세는 소중한 힘의 원천이 됩니다. 그런데 만일 구성원이 기대에 못 미치는 결과를 반복적으로 수행하면서 일의 성과도 또 팀의 분위기도 나빠지고 있다면 어떨까요? 과거와 비교할 수 없는 어려운 상황에서 또 새로운 성과에 대한 압박이 큰 상황에서 팀의 중요 과제가 실패한다는 것은 리더에게 너무나도 두려운 결과입니다. 그뿐만 아니라 그 일을 담당하는 구성원의 입장에서도 무언가 잘 풀리지 않고 좋지 않은 결과가 반복된다면 이보다 어렵고 힘든 일은 없을 것입니다.

이 문제를 구성원의 관점에서 한번 살펴보겠습니다. 우리는 보통 구성원을 고성과자와 저성과자로 구분해서 보기도 합니다. 어쩌면 지금 이 문제는 전형적인 저성과자에게서 나타나는 이슈이고 많은 조직의 리더들이 직면하는 어려움 중 하나일 수도 있습니다. 이 문제에 대한 직접적인 대안을 찾기에 앞서, 우리가 함께 일하고 있는 구성원에 대해 조금 더 살펴볼 필요가 있을 것 같습니다.

일반적으로 우리는 리더마다 고유의 리더십 스타일이 있다고 가정합니다. 즉 어떤 리더는 매우 배려심이 크고 사려 깊으며 구성원을 위해 진정으로 애쓰는 신뢰받을 수 있는 리더라고 인식될 수도 있습니다. 또 어떤 리더는 지나치게 자기 주장이 강하고 강압적이어서 남의 말을 들으려 하지 않는, 그래서 같이 일하고 싶지 않은 리더라고 생각할 수 있습니다. 그래서 리더십 설문 등을 통해 그 리더가 어떤 리더인지를 파악하고 이를 피드백하기도 합니다.

그런데 리더십 연구에 의하면 리더에 대한 구성원의 인식은 모두 개별적으로 형성된다는 LMX 이론Leader-Member Exchange이 기본적인 가정입니다. 즉 동일한 리더라도 어떤 구성원에게는 신뢰와 동기부여를 주는 배려심 깊은 리더로 인식되는 반면에 다른 구성원에게는 자기 주장만 일삼고 일방적으로 지시하는 리더로 인식되기도 한다는 것입니다. 리너와 각 구성원은 개별적 관계가 형성되어 리더십이 발현된다는 것이 이 이론의 핵심입니다.

LMX 이론에 의하면 리더와 구성원의 관계는 크게 인그룹In-Group과 아웃그룹Out-Group으로 나뉘는데 인그룹은 리더가 신뢰하고 우호적인 관계를 갖고 있는 개인 및 집단을 의미합니다. 리더는 인그룹 구성원들에게는 무한 신뢰를 보내며 그들에게는 중요하고 의미 있는 과제를 부여하고 일을 통해 성장하고 기여할 수 있도록 지원합니다. 인그룹의 경우 일을 수행하는 과정에서 비록 실패하더라도 리더는 그것을 개인 역량의 문제로 보기보다는 상황이 어려웠거나 지원이 부족해서였다고 인식하고 이후에 잘 할수 있도록 격려하는 등 진정성 있는 리더십을 보여주기도 합니다. 그리고 이들이 성공하게 되면 그것은 운이 아닌 구성원의 노력과 능력으로 인한 성공으로 인정하며 자신이 갖고 있었던 판단이 옳았다는 것을 더욱더 확신하기도 합니다. 리더는 인그룹 구성원들의 실패는 오래 기억하지 않은 반면 성공 경험은 오래 기억하여 결국 이들이 지속적으로 성장할 수 있게 지원합니다.

그렇다면 아웃그룹에 속한 구성원과의 관계는 어떨까요? 리더들은 아웃그룹에 속한 구성원들은 믿을 수 없고 일에 대한 태도 및 의지가 부족하여, 본인이 잘 관리 감독하고 지시하지 않으면 기대하는 결과가 나오지 않을 거라는 생각을 갖는 경우가 많습니다. 그리고 이러한 아웃그룹 구성원을 대할 때는 규정과 절차에 따라 말하고 행동하며 일에 대해서도 보다 많이 관여하고 지시하고 통제하는 경향이 강하다는 것입니다. 만일 아웃그룹에 속하는 구성원이 일을 성공적으로 수행하게 되는 경우 리더는 개인의 노력과 능력으로 인정하기보다는 운이 좋아서 상황과 맥락에서 얻은 결과로 생각하는 경향이 많습니다. 반면 실패하게 되면 그들이 덜 노력했거나 일에 대한 태도나 역량이 부족하다고 생각하고 구성원에 대한 기존의 부정적 생각이 더 강화될 가능성이 크다는 것입니다. 그리고 리더는 이러한 아웃그룹에 속한 구성원의 성공은 오래 기억하지 못하고 오히려 실패 경험을 더 강하고 오래 기억하는 모습을 보이기도 합니다.

이러한 구성원에 대한 리더의 초기 인식 및 관계 설정은 이후 아무리 구성원의 행동이 바뀌어도 리더의 인식 및 태도는 쉽게 바뀌지 않는다는 데 어려움이 있습니다. 실제 많은 리더십 연구와 실험에 의하면 상사가 부하와의 관계를 설정하는 데는 그리 오랜 시간이 걸리지 않는다고 합니다. 불과 며칠 또는 몇 시간 안에도 이러한 관계가 형성될 수 있으며 그 효과는 몇 달, 그리고 해를 넘겨서도 계속된다는 것입니다. 더 심각한 문제는 리더의 이러한 관계 설정이 자칫 실제 역량 있고 의욕도 넘치며 충분히 가치가 있는 구성원조차 저성과자로 만들 수 있는 메커니즘을 강화한다는 데 있습니다.

인시아드INSEAD 경영대학의 장 프랑수아 만초니Jean Francois Manzoni 교수는 하버드 비즈니스 리뷰에 '필패 신드롬Set-Up-To-Fail Syndrome' 이란 글을 기고하며 유능한 구성원이 리더로 인해 저성과자로 낙인되어 실패자가 되고, 이것이 마치 신드롬처럼 조직 내 지속적으로 양산되는 구조가 될 수 있다고 경고합니다.[20] 따라서 구성원을 고성과자 또는 저성과자라는 프레임으로 보기보다는 특정 역할과 일에 있어 부족한 부분이 있는지 지속적 성장 관점에서 살펴보는 시간이 필요할 수 있습니다.

성과 부진의 원인을 파악하고 그에 맞는 처방이 필요

만일 담당 조직 내 특정 구성원이 기대에 못 미치는 결과를, 그 것도 반복적으로 되풀이하고 있다면 이는 반드시 해결해야 할 이슈입니다. 먼저 이 문제가 발생한 이유와 맥락을 면밀히 살펴볼 필요가 있습니다. 성과가 기대에 미치지 못할 때 리더들은 이 문제를 구성원 개인의 문제로만 인식하는 경우가 많습니다. 실제 리더들을 만나 이야기를 들어보면 구성원의 역량이 부족하다고 여기거나 태도 또는 동기의 문제로 보는 경우가 많습니다. 그러나 기대하는 성과에 미치지 못하는 이유는 좀 더 구조적으로 접근해 볼 필요가 있습니다.

글로벌 리더십 전문기관인 BTS의 연구에 따르면 성과 부진에는 크게 6가지 동인이 있다고 강조합니다. 리더는 마치 오케스트라의 심포니를 이끄는 지휘자로서 역할을 하게 되는데 이 심포니가 제대로 작동하지 않는 것은 지휘자인 리더의 측면과 실제 일을 수행하는 구성원의 측면으로 구분해 살펴야 한다는 것입니다.

먼저 리더의 측면에서 고려해야 할 3가지입니다. 첫 번째는 '리더가 일의 목적과 목표, 기대치를 명확하게 제시했는가Expectation'입니다. 일이 구성원에게 부여될 때는 이 일을 끝마쳤을 때 무엇이 기대되는지에 대한 리더의 의도와 목적이 명확히 제시되어야 합니다. 만일 일이 불명확한 상태로 부여된다면 구성원은 리더의 심중까지 파악하며 일을 수행해야 하는 어려움을 겪게 됩니다. 두 번째는 피드백Feedback으로 '리더가 일의 진척에 따른 적절한 피드백을 제공하고 있는가'입니다. 기대에 못 미치는 결과로 끝나지 않기 위해서는 일이 진척 과정에서 리더가 진행 사항을 점검하고 그에 맞는 피드백을 제공하는 역할이 반드시 필요합니다. 세 번째는 자원Resource입니다. 일이 수행되기 위해서는 적절한 자원이 요구됩니다. 인력, 시간, 돈, 필요한 전문가 네트워크 등 필요한 자원을 확보하고 구성원이 그 역할을 충실히 할 수 있는 리더의 지원이 이루어질 때 일은 기대 성과를 달성해 낼 수 있습니다. 만일 성과가 부진하다면, 혹시 지휘자로서 리더의 역할에서 부족함은 없었는지를 점검해 볼 필요가 있습니다.

다음으로 실제 일을 추진하는 구성원의 측면에서도 3가지로 구분하여 살펴볼 필요가 있습니다. 먼저 이 일에 적절한 사람을 선발하고 부여했는가job fit의 문제입니다. 구성원의 경험, 보유 역량, 전문성, 성향 등을 고려해 적합한 사람이 적합한 일에 배치될 때 보다 의미 있는 성과를 만들어 낼 수 있습니다. 두 번째는 그 일에 요구되는 전문 지식과 필요 역량을 갖추고 있는지, 이를 위한 적절한 육성 활동training & development이 제공되고 있는지의 문제입니다. 최근 많은 과제들이 기존에는 해 보지 않은 새로운 것이다 보니 새로운 지식과 스킬이 요구되는 일들이 늘어나고 있습니다. 리더는 구성원의 역량 수준을 면밀히 살펴보고 이를 채울 수 있는 지원을 해야 합니다. 세 번째는 일에 대한 구성원의 동기와 태도motivation의 문제입니다. 만일 구성원이 일의 의미와 가치를 느끼지 못하거나 일에 몰입하고 있지 못하고 있다면 그 일은 제대로 작동되기 어려울 것입니다.

이처럼 지속적으로 기대하는 성과에 미치지 못하고 있다면 그 원인이 무엇인지를 면밀히 분석해 보고 그에 맞는 리더의 대응이 필요합니다. 리더는 구성원과 원온원 미팅을 통해 일의 진척과 결과에 대한 논의를 하며 어디에서 문제가 비롯되는지, 이로 인해 어떤 결과와 영향이 발생하는지를 구체적으로 논의할 필요가 있습니다. 무엇보다 기대에 못 미치는 결과가 반복되고 있다는 것은 다음에도 또 그럴 수 있는 만큼 이를 차단하고 전환할 수 있는 대안이 요구됩니다.

최근 기존에 익숙한 일이 아닌 전혀 경험하지 않았던 새로운 일의 영역이 늘어나고 있습니다. 기존에 하던 일이라 하더라도 동일한 방식이 아닌 새롭게 접근해야 하는 일들이 대부분입니다. 그러다 보니 너무 익숙한 방식에 매몰되거나 또는 기존에 접하지 않은 지식과 스킬로 인해 빠르게 업스킬, 리스킬이 필요한 경우가 많습니다. 단기간 내 확보가 어려운 영역이라면 그 부분을 보완할 수 있는 방법을 찾아 빠르게 배우며 일에서 결과가 좋아지도록 지원해야 합니다.

태도의 문제는 자칫 감정의 문제로 이어지다 보니 오히려 더 어려운 경우가 많습니다. 그러다 보니 피드백하기도 쉽지 않은 게 사실입니다. 그러나 태도는 일의 과정과 결과에 매우 중요한 영향을 미치는 만큼 명확히 피드백하고 행동을 바꿀 수 있도록 해야 합니다. 이때는 솔직함과 더불어 상대가 공감하도록 하는 대화의 기술도 요구됩니다. 맞는 말이라도 감정이 상하면 좋은 의도는 사라지고 오히려 부정적인 영향을 주게 되고, 악순환이 강화될 수도 있기 때문입니다.

지금 반복되는 문제가 구성원의 문제가 아닌 오히려 리더로부터 비롯된 문제인지도 살펴봐야 합니다. 리더로서 나는 충분히 피드백을 했다고 생각하는데 그것이 구성원에게 명확하게 이해되지 않은 상태일 수도 있습니다. 리더에게는 너무 익숙하고 그리 어렵지 않다고 생각하거나 자신이 대충 이야기해도 너무 쉬워서 다 전달되었다고 생각하기 쉽습니다. 그러나 구성원 입장에서 무엇을, 언제까지, 어떻게 하자는 것인지 불명확할 경우가 있습니다. 그럴 경우에는 다시 같은 결과가 반복될 가능성이 큽니다.

또 리더조차 불명확해서 제대로 피드백을 주기 어려운 경우도 있습니다. 기대한 결과가 이게 아니고 마음에 들지 않는데 무어라 설명이 되지 않는 경우입니다. 답답한 마음을 전달했지만 구성원은 감정 상한 리더의 마음만 알았지 그래서 어떻게 하라는 것인지는 여전히 알지 못할 수도 있습니다. 따라서 리더가 명확하게 구성원이 이해할 수 있는 방식으로 피드백을 주어야 합니다. 그리고 구성원 입장에서 이해한 것이 리더가 말한 내용과 차이가 없는지를 확인해 볼 필요가 있습니다.

만일 같은 실수와 오류가 계속해서 반복된다면 너무 길게 끌고 가기보다 자주 이야기 나누는 과정이 더 효과적인 경우가 많습니다. 다만 너무 압박이 되지 않도록 스스로 충분히 생각하고 준비할 시간을 주되 모든 것이 완성된 시점이 아니라 절차나 내용을 구분하여 단계적으로 접근하는 것이 도움이 될 수 있습니다. 특히 경험이 적은 신입사원이나 저연차 구성원의 경우에는 해 보지 않은 새로운 일을 시도할 때, 그래서 구성원의 시행착오를 줄이고자 할 때는 단계를 나누어 과정에서부터 같이 논의하면서 진척을 만들어 가려는 노력도 필요합니다.

적용해 보기

● 산하 구성원들은 소속 조직에도 인그룹과 아웃그룹이 있다고 생각하나요? 구성원들이 리더의 어떤 행동을 보고 인그룹, 아웃그룹을 구분하나요? 리더로서 의도하지 않은 행동이(특정 구성원과 더 자주 식사를 하는 등) 구성원에게 인그룹 또는 아웃그룹으로 오해를 하게 만들고 있는 영역이 있나요?

● 산하 구성원 중 기대에 못 미치는 결과를 반복적으로 가져오는 구성원이 있다면 그 핵심 원인은 무엇입니까? 어떻게 이 문제의 해결을 지원할 수 있습니까?

● 리더로서 과제를 부여하고 피드백하는 과정에서 구성원과의 소통은 잘 이루어지고 있습니까? 나의 역할 중에 보완이 필요한 부분이 있다면 무엇입니까? 어떻게 보완할 수 있습니까?

● 구성원이 각자 자기 역할을 완성하는 1인분의 역할은 중요한 가치가 되고 있습니다.

- 팀 구성원 중 1인분 이상의 역할을 하는 구성원과 1인분이 채 되지 않는 구성원이 있다면 무엇이 이런 차이를 만듭니까?
- 1인분의 역할을 못하는 구성원이 제 역할을 하도록 할 수 있도록 하는 방법은 무엇입니까?
- 1인분 이상의 역할을 하는 구성원이 번아웃되지 않고 지속적으로 동력을 유지하기 위해서 어떤 지원이 필요합니까?

크리티컬 모먼트
10

상사가 바뀌어 일하는 방식이
완전히 달라져야 할 때

"최근 전략 방향이 새롭게 전환되면서 조직 개편도 연중 수시로 일어나고 있는데 담당 조직의 임원이 새롭게 부임했습니다. 사업 개발 업무에서 잔뼈가 굵은 분인데 인사업무로 전환 발령되었고, 업무를 바라보는 시각부터 일하는 방식 등 모든 것이 달라 새롭게 적응 중입니다."

"새로운 상사는 기존의 일과 일하는 방식, 문화에 대해 부정적 인식을 강하게 갖고 있는 것 같습니다. 빠르게 맞추고 새로운 방식으로 전환이 필요한데 어떻게 소통해야 할지 조심스러운 상황입니다."

새로운 상사와 일을 하기 위해서는 무엇보다 상사의 상황과 고민을 충분히 이해할 수 있어야 합니다. 분명한 것은 상사도 누군가의 부하라는 점입니다. 그것도 상상할 수 없을 정도로 까다로운 상사의 부하일 가능성이 큽니다. 임원은 경영자로서 팀장보다 훨씬 더 일과 성과에 대한 압박이 크고 절박함이 강합니다. 새로운 상사가 보임했다는 것은 기존과는 다른 일을 다른 방식으로, 다른 성과를 기대하기 때문입니다. 상사는 CEO로부터 부여받은 미션도 있고 스스로 만들어 가고자 하는 목표도 있습니다. 따라서 기존과 같은 일을, 기존과 같은 방식으로 접근해서는 새로운 상사와 기대치가 다를 가능성이 큽니다.

나는 상사의 리소스인가?

아니면 상사를 나의 리소스로 활용하고 있는가?[21]

대부분의 리더들은 또 다른 누군가의 팔로워이기도 합니다. 가령 단위 조직의 리더인 팀장은 임원의 팔로워로서 역할과 구성원의 리더 역할을 동시에 하게 됩니다. 구성원이 팀장과의 관계에서 많은 영향을 주고 받듯이 팀장 역시 상사인 임원과의 관계에서 많은 영향을 받습니다.

조직에서의 일이란 결국 의사결정의 질을 높여 일의 진척을 만들어 내고 새로운 가치를 창출하는 데 있습니다. 그렇다면 의사

정답 없는 세상에서 리더로 살아가기

결정을 위한 통찰력은 어떻게 높일 수 있을까요? 이것은 각 개인의 경험과 학습을 통해 축적되고 내재화됩니다. 다양한 과제를 통해 경험이 쌓이고 그 과정에서 전문성과 통찰이 증가하며 또 학습을 통해 인식의 지평이 늘어납니다. 경험과 전문성이 커질수록 성과도 늘어납니다. 그런데 이것도 일정 수준이 되면 더 이상 상승하지 않고 정체되거나 오히려 하락하는 지점이 나오기도 합니다. 그런데 이때 지속적으로 탁월성을 드러내는 리더들이 있습니다. 이들이 보이는 '한끗'의 차이는 무엇일까요?

그것은 리더 자신의 경험과 전문성에 다른 사람의 통찰을 보태는 데 있습니다. 탁월한 리더들은 자신의 경험이나 제한된 전문성에 갇혀 있지 않고 다른 사람의 생각과 아이디어를 자신의 생각과 견주고 더하면서 더 새롭고 의미 있는 가치를 만들어 냅니다. 이 작은 차이가 '괜찮은 생각, 아이디어, 의사결정'에서 '탁월한 생각, 아이디어, 의사결정'으로 전환하는 결정적 계기가 됩니다. 따라서 리더로서 일을 잘 한다는 것은 '자기 주변 사람들의 생각과 아이디어를 자신의 리소스로 충분히 활용할 수 있는가'의 문제와 직결됩니다.

리더 입장에서 가장 통찰력 있는 아이디어의 원천은 어디일까요? 하나는 함께 일하는 구성원입니다. 구성원은 일상의 현장에서 고객과 접점에 있고 그래서 가장 빠르게 변화를 체감하는 사람들입니다. 그리고 세상의 변화 소식과 정보, 트랜드를 오히려 더 빠르게 체감하는 사람들이고, 리더가 닿지 않는 현장의 생생함과 접해 있는 사람들입니다. 따라서 리더는 구성원에게 일을 지시하기도 하지만 지속적으로 구성원의 생각과 아이디어를 들을 필요가 있습니다. 현장에 어떤 목소리가 있는지, 고객들에게 어떤 반응이 있는지, 조직 내 분위기와 생각이 어떻게 가고 있는지, 주변에는 어떤 일들이 벌어지고 있는지 끊임없이 듣고 센싱하고, 새로운 통찰의 신호를 발견할 필요가 있습니다. 그래서 구성원은 리더에게 너무나 소중하고 가치 있는 파트너입니다.

또 다른 통찰의 원천은 바로 '상사'입니다. 상사는 자신보다 경험이 많고 이 일에 대해 전문성이 높으며 무엇보다 경영자로서 회사의 전략적 방향을 깊게 이해하고 있는 사람입니다. 만일 추진하고자 하는 일에 대해 상사의 경험과 통찰을 보탤 수 있다면 그 일의 결과는 상사의 기대를 충족할 가능성이 큽니다.

그런 의미에서 자신과 상사의 관계에서 '내가 상사의 리소스인지' 또는 '상사가 나의 리소스인지'를 생각해 볼 필요가 있습니다. 기본적으로 우리는 상사의 팔로워인 동시에 상사의 리소스입니다. 상사가 하고자 하는 일에 팔로워로서 시간과 노력을 더해 가치를 만들어 냅니다. 이 일은 잘 해야 하는, 당연한 역할입니다. 그런데 탁월한 리더들은 상사를 자신의 리소스로도 적극적으로 활용합니다. 그래서 상사와의 미팅을 두려워하지 않습니다. 특히 캐주얼한 미팅 자리에서 자연스럽게 자신의 고민과 생각을

정답 없는 세상에서 리더로 살아가기

드러내고, 상사의 통찰과 아이디어를 얻을 수 있는 기회로 활용합니다.

페이스북으로 유명한 메타Meta에서는 매니지업Manage-Up을 강조한다고 합니다. 상사와의 관계에서 상사가 자신을 도울 수 있도록 팔로워가 먼저 적극적으로 역할을 해야 한다는 것입니다. 이처럼 상사의 통찰은 팔로워가 하고자 하는 일의 방향을 더 명확히 하고, 결과의 질을 높이는 기회가 됩니다.

탁월한 리더는 자신이 상사의 리소스인 것에 멈추지 않고, 상사를 자신의 리소스로 활용할 줄 아는 사람입니다. 이런 관계를 만든다는 것은 상사가 불편하고 어려운 존재가 아니라 나의 일을 돕는 가장 중요한 원천이기 때문에 관계의 방식이 달라야 한다는 것을 내포합니다.

새로운 상사와 일한다는 것은 리더 자신은 물론 상사에게도 큰 변화이자 도전입니다. 이 두 리더 간 시너지가 발휘되지 않으면 조직의 많은 일들은 매우 험난한 경험을 하게 될 가능성이 큽니다. 만일 상사 입장에서 담당 리더가 자신의 고민과 이슈를 앞서 생각하고 대안을 만들어 실행한다면, 또 담당 리더 입장에서 상사로부터 의미 있는 통찰을 얻고 실행에 대한 지지를 얻는다면 이보다 더 좋은 관계는 없을 것입니다.

상사의 우선순위와 고민을 민감하게 센싱하고
충직한 팔로워십을 발휘하라

새로운 상사와의 일은 누구에게나 어렵고 도전적인 일입니다. 그러나 우리 모두는 누군가의 리더이기도 하지만 동시에 누군가의 팔로워입니다. 탁월한 팔로워가 탁월한 리더일 가능성이 높습니다. 무엇보다 먼저 상사가 무엇을 요구받고 있는지, 상사의 가장 중요한 성과 지표가 무엇인지를 명확히 이해하는 것이 필요합니다. 리더는 자기 분야의 전문성을 가지고 상사의 문제를 같이 해결하는 파트너 역할을 해야 합니다. 따라서 상사의 전략적 우선순위와 핵심 과제는 담당 리더의 핵심 과제와 같은 방향이어야 합니다. 담당 임원이 CEO로부터 새로운 전략 과제를 부여받고 이 문제를 고민하고 있는데 산하 팀장이 일상적 운영 과제에 머물러 있다거나 상사가 생각하는 것과 다른 과제에 시간을 쓰고 있다면 그 일이 지지받거나 상사의 신뢰를 얻기 어렵고, 결과적으로 기대하는 성과로 연결되지 못할 가능성이 큽니다. 단위 조직 리더로서 상사의 전략 과제를 탁월하게 완성도 있는 결과로 보여줄 때 상호 신뢰 관계가 시작될 수 있습니다. 조직에서의 관계 시작은 결국 일의 완결성에서 시작합니다.

일을 잘하기 위해 상사와의 관계에서 가장 우선적으로 고려해야 할 것은 바로 커뮤니케이션입니다. 맨파워그룹Manpower Group의 최고혁신 책임자인 토마스 차모로 프레무지크_{Tomas Chamorro-Premuzic} 박사는 오랜 코칭 경험을 토대로 상사를 관리하는 것은 리더로서 자신을 관리하는 것만큼이나 중요하다고 강조합니다.[22] 특히 상사가 어떤 방식으로 소통하는 것을 선호하는지, 산하 부하 리더와는 어떤 방식으로 소통하기를 기대하는지, 또 구성원과는 어떻게 소통하고 일하는지를 명확히 이해하고 상사의 기대에 부응할 수 있어야 한다는 것입니다. 사실 상사와의 자리는 누구나 다 불편하고 어렵습니다. 심지어 임원들도 사장과의 자리는 조심스럽고 어렵고 피하고 싶다고 말합니다. 그렇지만 상사와의 미팅은 내가 하고 있는 일과 성과를 공유하고 일의 과정에서 상사의 아이디어와 기대를 확인하고, 무엇보다 상사와 신뢰를 쌓을 수 있는 유일한 기회입니다.

상사와의 소통에서 고려할 것은 상사가 궁금해하는 것을 한발 앞서 이야기하는 것입니다. 너무 앞서 이야기하면 아직 관심이 닿지 않을 수 있고, 상사가 궁금해서 찾기 시작하면 오히려 급해지고 압박으로 다가오게 됩니다. 따라서 상사가 관심을 갖고 있는 주요 아젠다는 무엇인지, 현재 일이 어떻게 진행되고 있는지, 핵심적인 이슈는 어떻게 진척되고 있는지, 그리고 상사가 현 시점에 무엇을 결정하면 되는지, 앞으로 어떤 일들이 진행될 예정인지 등을 알맞은 타이밍에 이야기한다면 상사는 일을 믿고 맡길 수 있고, 그 다음 일에 대한 생산적 논의가 가능할 것입니다. 그리고 진행 과정에서 상사의 생각을 자연스럽게 확인하면서 상사의 생각을 반영할 수 있는 기회가 됩니다.

상사들이 가장 불편하게 받아 들이는 것은 '깜깜이 스토리' 또는 '깜짝 스토리'입니다. 도대체 어떻게 진행되는지 업데이트가 되지 않고 있다가 갑작스레 기대와 다른 결과와 마주할 때입니다. 따라서 상사와는 지속적인 소통이 무엇보다 중요하며 찾기 전에 보다 적극적인 소통이 요구됩니다. 이뿐만 아니라 리더마다 소통 방식에도 차이가 있는 만큼 상사가 선호하는 방식을 빠르게 확인하고 이에 맞는 접근을 하는 것이 반드시 필요합니다. 새로 시작하는 관계이고 아직 익숙하지 않다면 소통 방식에 대해 상사에게 직접 묻고 확인하는 것도 도움이 됩니다.

결국 이 모든 소통이 원활하게 작동되려면 리더도 상사와 적극적인 원온원 미팅이 필요합니다. 그동안 조직은 리더에게 팀원과의 원온원 미팅을 강조했지만 정작 상사인 임원과 리더 간의 원온원 미팅은 그리 강조하지 않았습니다. 리더도 누군가의 도움이 필요한 구성원입니다. 그리고 새로 만난 리더라면 더더욱 서로의 일하는 방식을 맞추고 다양한 아젠다와 이슈를 공유하고 논의하는 자리가 필요합니다. 따라서 상사와 일하는 이러한 새로운 방식을 제안하고 시작해 보는 것도 좋은 기회가 될 것입니다.

적용해 보기

● 리더로서 나는 '상사의 리소스'에 머물러 있나요? 아니면, '상사를 나의 리소스'로 적극적으로 활용하고 있나요? 상사를 나의 리소스가 되도록 하는 데 있어 어려운 점은 무엇인가요? 어떻게 하면 상사의 경험, 지식, 통찰을 나의 통찰에 도움이 되도록 할 수 있을까요?

● 상사가 가장 고민하는 전략적 우선순위는 무엇입니까? 담당 조직에는 어떤 과제와 역할로 추진되고 있습니까? 이 과제가 추진되는 과정에서 가장 큰 고민과 이슈는 무엇입니까?

● 상사와의 소통 빈도, 질, 그리고 방식은 어떠합니까? 상사와 충분히 소통하며 파트너로서 역할이 이루어지고 있습니까? 상사와의 소통 방식에서 개선이 필요하다면 그것은 무엇입니까?

● 상사가 기존과 달리 새롭게 요구, 기대하고 있는 것은 무엇입니까? 이 사항은 현재 어느 정도 추진되고 있습니까? 이 문제를 잘 해결하기 위해 어떤 변화가 필요합니까?

구성원의
변화

평가 결과에 동의하지 않고
불만을 제기할 때

"자기 평가에 대해 마치 수능 준비하듯 철저히 준비해 옵니다. 자신이 한 일과 관련해서 리더로서 말한 것을 모두 기록하고 인쇄한 후에 평가 결과에 대해 납득되지 않으니 설명해 달라고 요구하기도 합니다."

"찬바람 불고, 평가 시즌이 다가오면 벌써부터 머리가 아파오고 잠도 잘 안 옵니다. 구성원이 노력하고 기여한 만큼 평가하고 보상해야 하는데 평가 제도의 경직성이 있어 한계가 있고 결과에 대한 구성원의 수용도를 어떻게 해야 할까 우려가 됩니다."

"우선순위가 낮아 보이는 과제를 배정받은 팀원은 과제 배정의 기준에 불만을 보이며, 동시에 평가에서 상대적인 불이익을 받을 것 같다는 걱정을 합니다."

평가 후 벌어지는 전형적인 현상 중 하나는 자신의 기대보다 낮은 평가 결과를 받은 구성원은 더 이상 그 조직에 남아있으려 하지 않는다는 것입니다. 이직을 결정하거나 최소한 다른 조직으로의 이동을 희망하는 경우가 많습니다. 자신은 최선을 다했고 목표도 달성했으며 나름의 성과를 만들어 냈다고 자부하는데 지금의 평가 결과에 대해서는 결코 동의할 수 없기 때문입니다. 이처럼 평가가 세내로 반영되지 않는 조직에서 더 이상 같이 일할 수 없다고 말합니다.

어려운 과정이지만 리더는 평가를 피해갈 수 없습니다. 평가는 성과 관리의 가장 중요한 핵심입니다. 평가는 성과 기여에 대한 인정을 통해 지속적으로 더 좋은 성과를 만들도록 하는 토대가 되면서 동시에 구성원을 더 성장하도록 만드는 장치입니다.

완벽한 성과 평가 제도란 존재하지 않습니다. 모든 제도는 다 출생의 비밀이 있습니다. 지금 이러한 평가 제도가 생겨나게 된 이유가 있기 마련입니다. 지금의 평가 제도가 갖는 장점이 있는 만큼 일부 부작용도 존재합니다. 평가 제도 자체에 대해서는 지속적인 논의를 통해 진화해 나가야겠지만 우리 회사에 적합한 방식으로 성과와 성장을 더 높일 수 있는 리더의 평가와 운영에 대해서도 고민이 필요합니다. 제도 범위 안에서 리더는 성과 평가의 본질을 놓치지 않고 구성원이 더 성과에 몰입하고 성장할 수 있도록 이끌어야 합니다.

공정과 인정을 갈구하는 시대

구성원이 조직을 떠나는 강력한 이유 중 하나는 '인정의 부족'이라고 합니다. 퀀텀 워크플레이스 리서치Quantum Workplace Research에 따르면 상사로부터 한 달에 한 번 이상 인정과 칭찬을 받는 구성원은 약 35% 정도에 불과하며 구성원의 41%는 자신의 직속 상사로부터 더 많은 인정을 기대하고 있다고 말합니다.[23] 이 설문 결과는 여전히 많은 구성원들이 자신의 노력과 기여 대비 충분히 인정받지 못하고 있다는 인식을 보여줍니다. 대학내일의 20대 연구소 설문에 의하면 대한민국 20~30대 젊은층의 약 64.6%는 우리 사회가 공정하지 않다고 응답했습니다. 자신의 노력 및 기여와 상관없이 누군가는 더 유리한 이익을 얻는 반면 누군가는 부당한 손해를 입고 있다는 겁니다.

기업 내 구성원들도 비슷한 인식을 갖고 있습니다. 기업에서의 공정이란 내가 기여한 것에 대한 투명하고 정당한 인정과 그에 상응하는 평가 및 보상이 주어지는가의 문제로 판단합니다. 인정은 사람의 기본적인 욕구입니다. 자신의 노력과 기여에 대한 가치를 다른 사람으로부터, 또 회사로부터, 특히 상사로부터의 인정을 통해 확인할 수 있기 때문입니다. 사람들은 인정받는다고 느낄 때 조직에 대한 소속감과 자긍심, 주인의식이 생기며 몰입할 수 있습니다. 회사에서 평가와 보상이 중요한 이유는 이것이 일에 대한 인정을 확인할 수 있는 가장 직접적인 척도이기 때문입니다.

구성원에 대한 평가는 리더의 가장 중요한 역할 중 하나이면서 동시에 가장 어렵고 스트레스를 받는 일 중 하나입니다. 평가 시즌이 다가오면 구성원만 긴장하는 것이 아니라 평가와 피드백을 제공해야 하는 리더들도 스트레스와 큰 부담을 갖는 것이 현실입니다.

평가에 대한 납득성을 높여야

일반적으로 평가는 목표 대비 얼마나 잘 했는지 그리고 상대적으로 전체 성과에 대한 기여도가 얼마나 큰지를 기준으로 판단합니다. 기대 이상의 결과를 낸 구성원도 있고 기대 만큼의 기여를 한 구성원도, 기대보다 아쉬운 결과를 만들어 낸 구성원도 있기 마련입니다. 보통 리더는 각 과제에 밀접하게 참여하고 있기 때문에 과제별 진행 과정을 누구보다 잘 알고 있고, 그렇기 때문에 전체적인 관점에서 평가를 하게 됩니다. 대부분의 구성원은 자신의 입장에서 최선을 다했고 목표를 달성했다고 생각하기 때문에 그래도 평균 이상의 결과를 기대하는 게 보통입니다. 이럴 때 리더들은 참 난감합니다. 평가에 대해 구성원이 더 납득할 수 있게 하고, 다시 일에 몰입해서 참여할 수 있도록 하기 위해서는

정답 없는 세상에서 리더로 살아가기

이 문제를 직접적으로 수행해야 할 리더의 세심한 노력이 필요합니다.

먼저 평가에 대한 납득성에 대해 생각해 볼 필요가 있습니다. 이를 위해 납득성과 수용성의 차이에 대해 이야기해 보겠습니다. 자신의 기대보다 낮은 평가를 그대로 수용하는 구성원은 사실 거의 없습니다. 앞서 이야기했듯이 대부분의 구성원은 자기 일을 열심히 합니다. 우리 회사에 들어올 수 있었던 구성원이라면 그래도 일정 수준 이상이 되기 때문에 자기 몫은 할 수 있는 사람들입니다. 그런데 낮은 평가를 받았다면 그것을 그대로 기꺼이 인정하고 수용하기란 쉽지 않습니다. 이는 마치 자기 존재를 부정하는 것과 같기 때문입니다. 따라서 평가는 수용성이 아닌 납득성을 전제로 합니다. 납득성이란 비록 내가 모든 것을 동의하는 것은 아니지만 불편하고 아쉬운 것은 있지만 내가 담당 리더라도 그렇게 평가할 수밖에 없었겠구나 하고 이해하도록 하는 과정입니다. 다 동의할 수는 없지만 이렇게 평가한 것에 대해 납득하고 인정하도록 하는 과정인 것입니다.

그렇다면 어떻게 납득성을 높일 수 있을까요? 평가에 대한 몇 가지 원칙을 생각해 볼 필요가 있습니다. 첫째, 구성원들이 평가 과정과 결과가 공정하다고 느낄 수 있어야 납득성을 높일 수 있습니다. 공정하다는 것은 원칙과 기준이 미리 명확하게 공유돼서 누구라도 같은 판단을 할 수 있도록 하는 과정인 것입니다. 만일 구성원은 최상의 품질을 확보하기 위해 시간이 걸리더라도 더 좋은 솔루션을 개발하는 데 집중해서 완성했는데 리더는 개발 시간과 비용 효율성을 기준으로 평가한다면 그 결과에 대해 납득하기란 어려울 수 있습니다. 따라서 평가는 연말 평가 면담 장면에서 이루어지는 것이 아니라 연초부터 평가 기준과 원칙이 공유되고 합의되는 과정이 선행적으로 필요합니다.

담당 조직의 역할에 따라 팀 구성원의 특성에 따라 평가의 기준과 원칙은 다양한 형태가 될 수 있습니다. 무엇보다 팀의 성과가 무엇인지, 이 일을 잘하기 위해 어떤 기여를 해야 하는지 그 과정과 결과에 대한 내부 합의 과정이 필요합니다. 구성원들이 성과를 창출하기 위해 자신이 무엇을 향해 움직여야 하는지에 대한 방향성을 알 수 있어야 합니다. 갑자기 연말에 깜짝 기준으로 평가해서는 결코 구성원의 납득성을 높일 수 없습니다. 그런데 의외로 팀의 평가 기준과 원칙을 세우고 구성원과 합의하는 조직이 그리 많지 않은 것이 사실입니다.

둘째, 한 번의 평가로 모든 과정을 다 설명하고 납득하기란 쉽지 않습니다. 각 구성원은 연중 복수의 과제를 수행합니다. 중요도, 난이도, 시급성 등 다양한 형태의 과제를 수행하면서 자신의 역할을 수행합니다. 그 모든 것이 단 한 번의 평가, 한 시즌의 평가로 결과를 제시한다면, 그리고 그 결과가 자신의 기대와 차이가 크다면 그걸 납득할 수 있는 구성원은 거의 없을 것입니다. 자신의 지난 1년간의 모든 수고가 아무런 가치 없이, 인정받지 못한 결과를 받아들이기란 쉽지 않습니다. 사실 과제를 수행하는 과정에서 수많은 우여곡절이 생기더라도 대부분의 일은 어떻게든 마무리될 가능성이 큽니다. 중간에 무슨 일이 생기면 담당 리더도 관여하고 차상위 상사도 같이 참여해서, 결국 일을 완성해나갈 가능성이 크기 때문입니다. 따라서 리더는 일이 진척되는 과정에서 평가 기준과 원칙 대비 무엇이 잘 진행되고 있는지, 무엇이 기대에 미치지 못했는지, 또 무엇이 어려운지를 구성원과 논의하고 기대 성과를 만들기 위해 어떤 노력이 필요한지에 대해 지속적으로 소통하는 과정이 중요합니다.

셋째, 평가 결과를 리더가 일방적으로 부여하기보다는 전체 성과에 대한 자신의 기여도를 구성원 스스로 성찰해 볼 수 있는 기회를 부여할 필요가 있습니다. 일반적으로 성과는 각 단위 과제별 목표 달성도뿐 아니라 전체 성과에 대한 기여도를 함께 고려하는 과정입니다. 따라서 구성원으로 하여금 팀 관점에서 자신의 기여도를 스스로 생각해 볼 수 있는 기회를 부여하는 과정도 필요합니다. 전체 성과를 위해 각 멤버들이 어떻게 기여했는지, 그 과정에서 자신의 기여도가 어떠한지를 생각해 보면 자기 자신에게 한정된 생각을 좀 더 객관적으로 살펴볼 수 있기 때문입니다. 나도 열심히 했지만 더 큰 기여를 한 구성원이 있다는 것도, 그래서 나라도 인정할 수밖에 없다는 것을 스스로 인식해야 그 다음에 어떻게 할 것인지를 이야기할 수 있는 마음의 준비가 될 수 있기 때문입니다.

넷째, 그러기 위해서는 리더와 구성원 간 상호작용 과정에서의 공정성도 매우 중요합니다. 일반적으로 공정성을 고려할 때 절차 공정성과 분배(결과) 공정성은 쉽게 고려합니다. 그런데 상호작용 과정에서의 공정성도 매우 중요한 역할을 담당합니다. 회사에서의 일이란 구성원과 리더의 상호작용을 통해 일의 진척을 만들어 내는 과정입니다. 지난 한 주간, 또는 지난 한 달간 리더로서 어느 구성원과 어느 정도의 상호작용을 가졌는지를 객관적으로 살펴볼 필요가 있습니다. 티타임을 갖든 업무 논의를 하든 심지어 점심 또는 저녁 식사 자리를 돌아볼 때 누구와 어느 정도 시간을 보냈는지를 체크해 보는 것입니다. 그러다 보면 조금 더 편하게 말하고 쉽게 다가오고 자신을 이해해 주는, 또 리더가 고민이 있을 때 자주 찾고 의논하는 구성원이 있습니다. 만일 상대적으로 리더와 상호작용의 기회가 적은 구성원이 있다면 이 과정이 공정하지 못한 결과의 이유가 될 수도 있습니다. 이것이 조금더 심하게 드러나면 마치 팀 내에 인그룹과 아웃그룹이 있는 것처럼 인식될 수도 있고 이런 상태라면 리더의 모든 행동은 편파적이고 공정성이 없으며 결과도 납득할 수 없는 상태가 될 가능성이 있습니다. 따라서 리더는 구성원과 상호작용에서의 공정성도 세심하게 살필 수 있어야 합니다. 이러한 과정을 해결하기 위한 가장 효과적인 방법 중 하나가 바로 정기적인 원온원 미팅을 통해 구성원과의 대화 시간을 확보하는 것입니다. 구성원의 일과 성장을 지속적으로 논의하는 시간을 가지며 충분히 상호작용할 때 납득성을 높일 수 있고, 그래야 결과에 대해서도 납득할 수 있기 때문입니다.

다섯째, 그럼에도 불구하고 낮은 평가에 대해서는 실망하고 아쉬운 것은 어쩔 수 없습니다. 자신이 조직에서 일을 통해 인정받지 못했다는 것처럼 비참한 결과는 없습니다. 따라서 리더는 구성원의 아쉽고 불만 섞인 이야기를 진정성 있게 경청하고 공감해 주어야 합니다. 해당 구성원이 얼마나 노력했는지, 자신이 이 결과로 인해 얼마나 상심이 큰지에 대해 인정하고 공감할 수 있어야 합니다. 이 과정은 너무나 중요합니다. 마케팅에서도 불만 고객 대응 매뉴얼에 따르면 반드시 충분히 들어주라고 말합니다. 이야기를 들어주지 않으면 다른 방식으로 불만이 표출되고, 결국 더 좋지 않은 결과로 돌아오기 때문입니다.

많은 리더들은 구성원의 불만 표출에 대해 공감하면 그것이 구성원의 말에 동의하는 것으로 비춰지지 않을까 우려하기도 합니다. 그러나 공감과 동의는 다릅니다. 구성원의 이야기에 공감한다는 것은 구성원의 입장에서 그 마음을 이해한다는 의미이지 그렇다고 해서 결과를 다르게 한다는 것은 아닙니다. 경청하고 공감한 후에 그러한 아쉬움이 남지 않은 결과를 만들기 위해 무엇을 할 것인지, 리더로서 무엇을 도울 것인지를 이야기 하는 과정이 필요합니다.

마지막으로 평가의 본질은 이번 한 번이 아니라 지속적으로 더 좋은 성과와 성장을 만드는 데 있다는 것입니다. 따라서 더 성장하고 잘할 수 있도록 돕는 진정성 있는 논의가 필요합니다. 회사는 망하지 않고 지속적으로 생존하는 것Sustainability이 중요하지만 구성원 입장에서는 더 성장하고 경쟁력 있게 일할 수 있는 고용가능성Employability이 중요합니다. 좋지 않은 평가 결과는 구성원에게 있어 경쟁력 있는 고용가능성에 치명타를 입은 것과 같습니다. 따라서 이후 성장을 도울 수 있는 일, 그 일을 해 가는 과정에서의 변화와 지원, 학습의 기회 등 구성원의 다음 성장을 위한 진솔한 논의와 리더로서의 진정성 있는 지원이 필요한 것입니다.

적용해 보기

● 평가는 연말에 이루어지는 일회성 이벤트가 아닙니다. 따라서 연초, 연중 구성원과 명확한 원칙과 기준을 공유하고 합의하는 과정이 필요합니다. 각 과제별 목표 달성과 전체 성과 기여를 위해 담당 팀에서 가장 중요한 평가의 원칙과 기준은 무엇입니까? 구성원과 어떻게 공유하고 합의하는 과정을 가질 수 있습니까?

● 구성원이 일을 추진하는 과정에서 리더의 지속적인 피드백은 매우 중요합니다. 단순히 평가하는 과정이 아닌 의미 있는 성과와 성장을 도울 수 있는 과정으로써 원온원 미팅을 실시한다면 어떻게 시행할 수 있습니까?

● 평가의 납득성을 위해 리더와 구성원의 상호작용 공정성은 매우 중요합니다. 지난 일주일 또는 지난 한 달간 각 구성원과의 상호작용 빈도, 질은 어떠합니까? 어떤 변화가 필요하나요?

● 이번 한 번의 평가가 끝이 아니라 그 다음에 더 좋은 성과와 성장이 가능하도록 해야 합니다. 해당 구성원의 커리어와 성장을 위해 어떤 지원이 필요합니까?

다양하고 이질적인 구성원의
몰입을 이끌어야 할 때

"늘 조용히 본인 일에는 최선을 다하지만 그 한계를 뛰어넘지 않으려는 구성원들에게 동기부여를 할 수 있는 방법이 고민입니다. 변화에 대한 당위성만으로는 동기부여가 안 되다 보니 구성원에 맞는 새로운 접근이 필요한 것 같습니다."

"MZ세대 구성원들이 어떻게 하면 동기부여가 되어서 조직에 대한 애착과 노력을 집중할 수 있을 것인지가 항상 고민입니다."

"주요 전략 부서의 경우 어느 정도 동기부여가 된 구성원일 확률이 높으나 실행 부서에서는 초기부터 그러한 동기부여가 되지 못한 상태의 구성원 비율이 높아 업무 부여 단계부터 변화를 거부하거나 하던 방식을 고수하는 경우가 많습니다."

지금은 주어진 업무를 잘해야 하는 정도가 아니라 새로운 일과 가치를 만들어 내는 창의와 혁신이 요구되는 시기입니다. 그러다 보니 그 어느 때보다 구성원의 자발적이고 의욕적인 참여가 중요해졌습니다. 너무나 다양한 구성원들이 자발적으로 몰입하도록 하기 위해 리더는 어떻게 구성원들을 이끌 수 있을까요?

구성원 몰입의 70%가 리더의 역할에서 시작된다

매년 갤럽에서는 각 국가의 직장인이 얼마나 일과 조직에 몰입하고 있는지를 조사해 발표해 오고 있습니다. 몰입도Engagement는 일반적인 만족도와는 차이가 있습니다. 만족도가 주관적이고 정서적 느낌을 기반으로 한다면 몰입도는 기업이 추구하는 가치 및 목적에 대한 공감을 포함하여 일하는 방식, 구성원과의 관계, 자신의 역할 기여 등 보다 적극적이고 능동적인 참여와 기여를 포함합니다. 따라서 이는 국가적으로, 또 기업 차원에서도 매우 의미 있는 것으로 전략적으로 이를 높이고자 노력하는 지표입니다. 2023년 갤럽의 보고 자료에 따르면 몇 가지 차원에서 의미 있는 시사점을 확인할 수 있습니다.[24]

첫째, 측정을 시작한 2009년 이후 직장인의 몰입도는 지속적으로 향상되고 있는 모습을 보여줍니다. 측정을 통해 현재 위치를 인식하고 의도적인 개선 노력을 통해 점진적이지만 개선되는 모습을 보여줍니다. 2009년 전 세계 직장인의 평균 몰입도는 12%에 불과했으나 2022년에는 약 23% 수준까지 향상된 결과를 보여줍니다.

둘째, 그럼에도 불구하고 생각보다 직장인의 몰입도가 그리 높지 않다는 것을 확인할 수 있습니다. 2023년 자료에 따르면 미국 직장인의 몰입도 수준은 약 34%인 만면 한국 직장인은 12% 수준이라고 합니다. 이는 대부분의 구성원이 직장에서 온전히 몰입하지 못하고 있다는 것을 보여줍니다.

셋째, 이러한 구성원 몰입에 영향을 미치는 가장 큰 핵심이 바로 단위 조직 리더라는 것입니다. 갤럽 연구에 따르면 단위 조직 리더는 구성원 몰입에 약 70% 정도의 직간접적인 영향을 미친다고 말합니다. 따라서 리더는 일터에서 구성원이 일의 의미와 가치를 느끼고 자발적으로 참여하며 몰입할 수 있도록 환경을 디자인하는 역할을 수행할 수 있어야 한다고 강조합니다.

최근 조직은 과거보다 훨씬 더 다양해지고 있습니다. 기존에 하지 않던 사업이 증가하면서 경력 사원의 비중도 더 커지고 있습니다. 이는 전혀 다른 경험과 가치를 지닌 이질적인 구성원이 함께 일하는 구조가 되고 있다는 것을 보여줍니다. 그뿐만 아니라 다양한 세대가 함께 일하는 맥락에서 각 세대 간에도 지향하는 가치에서 많은 차이를 보이고 있기도 합니다. 그렇기 때문에 리더들이 구성원의 마음을 얻고 이들을 몰입하게 하는 것이 쉽지 않은 것이 현실입니다.

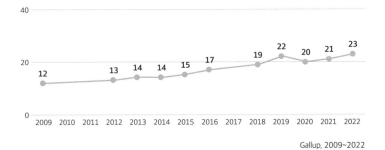

| 직장인의 몰입도 증가 추이 |

Gallup, 2009~2022

구성원별 추구 가치를 고려한 몰입 및 동기부여

인시아드 경영대학의 만프레드 교수에 따르면 사람들은 세상을 바라보는 자기만의 추구 가치를 지니고 있다고 말합니다.[25] 각자 자신이 추구하고 만족해 하는 지점이 다르며 이로 인해 행동하고 의미를 부여하는 방식에도 차이가 있다는 것입니다. 이를 가치관 또는 신념이라고 하며, 자신이 추구하는 라이프스타일이기도 합니다. 가치관 및 신념은 각자의 행동과 태도에 영향을 미치며 자신이 무언가를 선택하는 토대가 되고, 이를 기반으로 자신의 행동에 의미를 부여합니다.

만프레드 교수는 무엇이 구성원에게 동기부여를 하는지 이해하기 위해서는 각 구성원이 지닌 가치와 신념 체계를 이해할 수 있어야 한다고 강조합니다. 구성원들이 자기 자신과 타인을 보는 방식, 세상을 해석하는 방식, 각자의 라이프 스타일을 선택하고 행동하는 방식을 이해하고 그들이 일터에서 일을 통해 자신의 가치를 구현할 수 있도록 돕는 과정에서 동기를 이끌어야 한다고 말합니다. 즉 구성원마다 각자의 핵심 동기 요인은 모두 다를 수 있으며 그것이 조직 내에서 건강한 방식으로 발현될 수 있을 때 구성원은 자발적이고 의욕적으로 몰입할 수 있다는 것입니다.

히브리 대학Hebrew University의 사회심리학자인 슈워츠Shalom H. Schwartz 교수도 사람마다 각자 중요하게 생각하는 가치가 있으며 이러한 가치는 행동에 동기를 부여하는 힘이 된다고 말합니다.[26] 무언가를 성취하는 것이 중요한 가치인 사람은 이러한 목표를 추구할 때 강하게 동기부여를 받고 몰입하는 반면 아무런 성취를 얻을 수 없는 일에는 흥미도, 의미도 느끼지 못한다는 것입니다. 또한 가치는 감정과 불가분의 관계에 있다 보니 자신이 추구하는 가치가 위협받으면 분노하고 이를 지킬 수 없을 때는 절망하며, 이를 실천할 수 있을 때는 몰입과 행복을 경험한다고 합니다. 이처럼 각 구성원이 추구하는 가치를 이해한다는 것은 구성원이 어떨 때 의미를 경험하고 몰입하며 자발적으로 참여할 수 있는지를 이해할 수 있는 중요한 영역입니다. 특히 업무 환경에

정답 없는 세상에서 리더로 살아가기

서 자신의 가치를 얼마나 충분히 발휘할 수 있는지는 각 개인의 행복과 몰입도에 매우 큰 영향을 미칩니다.

그렇다면 실제 구성원들이 지닌 가치는 얼마나 다양할까요? 그리고 자신이 추구하는 가치가 자신의 일터 환경과 얼마나 부합하다고 있다고 느낄까요? 2022년 리더십 교육에 참여한 국내 직장인 346명을 대상으로 조사한 결과, 구성원들이 저마다 매우 다양한 가치를 보유하고 있는 것으로 나타났습니다. 서로 다른 산업군, 다른 직무에서 일하는 리더 후보군을 대상으로 한 교육에서 가장 많은 빈도를 보인 가치는 '신뢰'였습니다. 신뢰는 주변 사람들에게 자신이 믿을 만하고 신뢰할 수 있는 사람이라 여겨지길 원하며 작은 약속이라고 하더라도 반드시 지키려 노력하는 모습을 말합니다. 코로나19를 거치면서 '건강'도 매우 중요한 가치로 부각되고 있는 것으로 보입니다. 특이한 것은 구성원들이 직업을 선택할 때는 '물질적 가치(부유)'를 중요하게 언급하지만 일터에서 자신이 추구하는 가치와 동기에서는 물질적 부유를 최우선 가치로 꼽는 사람은 그리 많지 않았습니다.

그렇다면 일터는 자신의 추구 가치가 얼마나 충족될 수 있는 환경일까요? 자신이 중요하게 여기는 가치를 충족시킬 수 있는 환경이라면 이들은 훨씬 더 몰입하며 자신의 가치를 만들어 내기 위해 노력할 가능성이 큽니다. 반면 자신이 중요하게 여기는 가치를 전혀 뒷받침할 수 없는 환경이라면 어떨까요? 회사에서

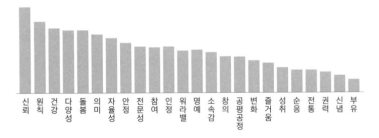

| 구성원의 추구 가치 현황 |

신뢰 원칙 건강 다양성 돌봄 의미 자율성 안정 전문성 참여 인정 워라밸 명예 소속감 창의 공평공정 변화 즐거움 성취 순응 전통 권력 신념 부유

2022년 국내 직장인 346명 응답 기준

몰입하기보다 자신의 가치를 충족할 수 있는 다른 무언가를 찾고 있을 가능성이 큽니다.

앞서 조사에 참여한 구성원의 일터 환경을 확인해 본 결과, 자신이 추구하는 가치가 일터에서 구현되고 있다고 응답한 구성원은 약 20% 정도에 불과했습니다. 즉 많은 구성원들은 담당 업무 및 일하는 환경에서 자신의 추구 가치를 발휘하기에 우호적이지 않은 환경이라는 인식이 팽배해 있으며 자신의 리더가 이러한 측면에서 관심과 지원이 부족하다고 말합니다.

리더는 먼저 자신이 추구하는 가치가 무엇인지를 스스로 점검해 볼 필요가 있습니다. 자신이 지향하는 가치가 무엇인지, 언제 리더로서 자신이 더 일에 몰입하고 자발적으로 참여할 수 있는지를 이해할 수 있어야 합니다. 그래야 자신이 언제, 왜 몰입하고 몰입이 되지 않는지 그 맥락과 메커니즘을 이해할 수 있습니다. 그리고 함께 일하는 산하 구성원들에 대해 개별적으로 어떤 가치를 지향하며 현재 각자의 일터 환경이 얼마나 우호적이라고 생각하는지를 파악하고, 이를 좀 더 건강한 방식으로 발현할 수 있는 과정을 모색해 볼 필요가 있습니다. 구성원이 자신의 일터가 자신이 지향하는 가치를 만들어 내는 최적의 공간이라고 인식할 때 구성원은 보다 자발적으로 몰입하며 자신의 역할을 수행할 수 있기 때문입니다.

적용해 보기

● 리더로서 자신이 추구하는 가치는 무엇입니까? 어떤 환경일 때 가장 일에 몰입하며 자발적이고 의욕적으로 일할 수 있습니까? 반대로 어떤 환경일 때 의욕이 떨어지고 몰입하기 어려운가요?

● 산하 구성원들도 저마다 사신이 추구하는 가치와 신념이 있습니다. 각 구성원이 추구하는 가치를 이해하는 것은 해당 구성원을 몰입으로 이끌 수 있는 중요한 지점을 확인하는 계기가 됩니다. 각 구성원의 가치를 어느 정도 이해하고 있나요? 특히 최근 가장 몰입도가 낮은 구성원이 있다면 해당 구성원이 추구하는 가치는 무엇입니까? 이를 어떻게 파악할 수 있을까요?

● 자신의 일터 환경이 자신이 추구하는 가치가 발현될 수 있도록 우호적일 때 구성원은 더 몰입할 가능성이 큽니다. 리더는 이러한 구성원의 일터 환경을 디자인하는 사람입니다. 각 구성원의 추구 가치가 조직 내에서 건강하게 발휘될 수 있도록 리더로서 어떻게 환경을 디자인하고 이끌 수 있나요? 최근 가장 몰입도가 낮은 구성원을 대상으로 지원을 한다면 어떤 역할을 시도해 볼 수 있습니까?

● 구성원들도 자신의 리더가 어떤 가치를 갖고 있고 어떻게 일하고 싶어 하는지를 아는 것은 매우 중요합니다. 구성원에게 리더로서 자신이 어떤 가치를 지향하고 있으며 무엇을 선호하는지에 대해서도 진솔하게 소통하는 노력도 필요합니다. 산하 구성원들과 이러한 논의를 한다면 어떻게 소통하시겠습니까?

구성원 간 갈등이
지속되고 있을 때

"팀원 간 갈등이 있을 경우 리더로서 어디까지 개입해야 하는지 판단하기 어려울 때가 종종 있습니다. 단순히 대화로 해결할 문제는 아니고 업무 변경, 조직 분리 등을 고려해야 하는데 해결책 제시에 어려움을 느낍니다. 때로는 구성원 갈등 문제 해결에 너무 많은 에너지와 노력이 들어가 지칠 때가 많습니다."

"팀원 간의 R&R이 불명확하다 보니 성과 측면에서 갈등이 발생하고 있고 각자 성과를 위해 최선을 다하는 상황이 팀 전체의 성과에는 오히려 부정적인 방향으로 흘러가기도 합니다."

"팀원들 간 세대 차이, 가치관 등이 상이해 서로에 대한 인식이 부정적으로 작용하게 되고 갈등의 요인이 되기도 합니다. 다년간 내재된 심리적인 사항이라 이것을 바꾸기는 쉽지 않습니다."

같은 목적을 가지고 모인 팀이지만 일하는 과정에서 수많은 갈등과 긴장, 충돌은 필연적으로 발생하게 됩니다. 사람마다 서로 삶의 경험치가 다르고 이로 인한 생각과 가치가 다르며 각자의 선호가 다르듯이 우리는 '다름'을 기반으로 구성된 관계이기 때문입니다. 사람이 모인 곳에 갈등이 필연적이듯 우리는 이러한 갈등을 해결하면서 혁신을 만들고 진보해 왔습니다. 그런데 최근 조직 내 다양성이 급격히 증가하면서 갈등도 빈번하고 다양하게 표출되는 현실입니다.

점점 갈등이 증폭되고 있는 한국 사회, 갈등에 대한 새로운 인식 전환

2021년 영국 왕립 대학King's College London의 정책연구소The Policy Institute는 영국 내 문화적 갈등이 어떠한지를 이해하고자 '문화 전쟁Culture War'이라는 연구 보고서를 발표합니다.[27] 이 리포트에서는 영국의 문화적 갈등 정도를 파악하고자 서로 다른 문화적 배경을 가진 28개국과 함께 비교하는 데이터를 보여주는데 그 결과가 놀랍게도 한국이 처한 상황을 매우 강렬하게 보여줍니다. 한국이 세대 간, 남녀 간, 정치, 종교, 문화, 경제적으로 얼마나 다른 가치와 갈등이 크게 나타나고 있는지 충격적으로 보여줍니다. 이 연구 보고서에 따르면 대한민국 사회는 매우 단절되고 갈등이 커지고 있다고 말합니다. 경제적으로 빈부격차에 대한 갈등이 심각할 뿐 아니라 심지어 인종과 종교에 대해서도 매우 배타적이고 남녀 간 성별에 대해서도 심한 갈등이 존재한다는 것입니다. 이러한 관계는 조직 내 일하는 맥락에서 다양한 방식으로 갈등이 표출될 가능성이 매우 큽니다. 이처럼 일하는 일터에도 다양한 문화적 다양성이 존재하고, 수많은 갈등이 내재된 상황이다 보니 리더들이 구성원의 마음을 모으고 몰입하며 자발적이고 의욕적으로 일할 수 있도록 돕는다는 것이 말처럼 쉽지 않다는 것입니다.

그런데 오히려 조직에서 갈등을 의도적으로 촉진하고 이를 생산적이고 건강한 에너지로 발산시키는 회사가 있습니다. 바로 인텔입니다. 인텔은 파괴적 대립이 아닌 의도적으로 건설적 대립을 조장하여 이를 회사 운영의 기반으로 활용하고 있습니다. 이는 창업자인 앤디 그로브Andrew Grove로부터 시작한 가치라고 합니다. 특히 회의와 같이 서로 다른 생각과 가치가 만나는 장면에서 의도적으로 건설적 대립을 촉발시켜서 이러한 긴장이 새롭고 창의적인 생각과 가치로 발현되도록 하고 있습니다.

인텔은 규율에 얽매이지 않고 솔직하게 대화하는 것이 일상화되어 있는 곳입니다. 제품을 개선하고 완벽함을 향해 끊임없이 나아가기 위한 과정에서 항상 가정assumption에 도전하고 타협을 받아들이지 않는 문화를 지향한다고 합니다. 건설적인 대립에서 공격받는 것은 아이디어이지 결코 사람이 아니라고 앤디 그로브는 강조합니다. 자신이 공격당하고 있다고 느낄 수도 있지만 각자의 아이디어는 더 나은 방향으로 발전하거나 자비롭게 제거되고 있다는 것입니다.

인텔이 강조하는 건설적 대립은 4가지 원칙을 강조합니다. 먼저 직접적 대립입니다. 뒤에서 불평하는 것이 아니라 당사자가 직접 만나 이슈의 본질을 가지고 직접적으로 부딪혀 문제를 해결해야 한다는 원칙입니다. 둘째, 긍정적 대립입니다. 갈등은 필연적으로 불편한 감정을 동반하고 자칫 사람에게 비난의 화살이 갈 수 있지만 철저히 이를 경계하고 사람이 아닌 이슈에 집중하고 문제를 해결해 가는 과정에서 아이디어의 대립을 촉진하는 과정입니다. 셋째, 객관적 대립입니다. 추론이나 가정이 아닌 객관적 사실을 기반으로만 대화하고 이를 토대로 생산적인 대립에 나서라고 말합니다. 넷째, 적시적 대립입니다. 한참 지나 이슈가 사라진 후에 뒷북치듯 말하는 것이 아니라 이슈가 정점에 있을 때 직면해서 문제를 제기하고 문제를 해결하는 대립을 촉진합니다. 인텔은 새로운 혁신을 만들어가는 과정에서 이러한 건설적 대립이 중요한 역할을 해왔다고 강조합니다.

갈등은 서로 다른 생각과 가치가 충돌하는 과정으로 이것이 생산적인 가치로 전환될 수도 있고 파괴적인 충돌로도 갈 수 있는 갈림길의 과정입니다. 그런 의미에서 인텔의 건설적 대립은 매우 지혜롭고 실천적인 방법이며 일의 원칙으로 고려할 만합니다. 현재 우리 사회는 전례 없이 다양성이 커지고 있고 실제 많은 장면에서 세대 간, 부서 간, 역할 간 가치 충돌이 일어나고 있는 상황입니다. 조직 내 갈등이 필연적이라면 이를 제대로 센싱하고, 건설적이고 생산적인 가치의 방향으로 이끌 수 있어야 합니다.

인텔뿐 아니라 아마존을 비롯한 많은 글로벌 혁신 기업들이 갖는 핵심 가치 중 하나는 'Disagree and Commit'입니다. 자신의 생각이 맞다고 확신하는 일이 있다면 그리고 다른 사람과 의견이 분분할 때는 서로 다른 이슈를 놓고 치열하게 논의하는 것입니다. 그렇지만 일단 논의 과정을 통해 방향이 정해지면 비록 자신의 생각과 다르더라도 그 일에 전념해서 참여해야 하는 것을 말합니다. 물론, 언제든 상황이 바뀌면 다시 논의할 수 있고 필요하면 방향을 바꾸고 전환할 수 있다는 믿음이 있기도 합니다. 이렇게 치열하고 뜨겁게 논쟁하고, 회의실을 나갈 때는 '시작이 좋군'이라고 말하고 건설적으로 결정에 헌신하고 행동한다는 것입니다.

리더는 일상의 수많은 역할과도 치열하게 고민하지만 문제를 해결하는 과정에서 나타나는 수많은 갈등의 시그널을 확인하고 문제를 해결하기 위한 역할에도 중심에 서 있게 됩니다. 이 역시 하나의 정답이 있는 것은 아니지만 그 문제에 대해 한번 이야기해 보겠습니다.

갈등을 센싱하고 건강한 조직으로 전환하기

리더는 먼저 조직 내 갈등이 확산되고 있는지 그 신호를 파악하고 센싱할 수 있어야 합니다. 갈등이 발생하면 다양한 경고 신호가 나타납니다. 구성원 간 커뮤니케이션에 단절이 일어나기도 하고 의견이 첨예하게 대립하며 서로를 자극하는 말과 행동이 표면화되기도 합니다. 결과적으로 구성원의 사기와 의욕이 떨어지고 생산성이 떨어지며 심지어 인재가 떠나기도 합니다. 따라서 리더는 갈등이 조직에 심각한 악영향을 미치기 전에 센싱하고, 리더로서 필요한 개입과 해결을 지원할 수 있어야 합니다.

갈등은 단순히 개인 간 문제를 넘어 구조적인 맥락으로 발생하기도 하고 때로는 상호 관계적 맥락에서 발생하기도 합니다. 먼저, 구조적인 이슈로 인한 갈등의 대표적 현상 중 하나는 '역할 모호성'입니다. 역할이 모호하면 결국 일의 진척 과정에서 반드시 갈등이 발생합니다. 따라서 리더는 일의 R&R을 통한 책임 소재를 가능한 분명히 구분해서 불필요한 갈등의 소지를 줄일 수 있어야 합니다. 많은 일들이 시작 시점부터 애매모호한 상태에서 시작되는 경우가 많은 것이 사실입니다. 이는 일이 명확하게 정의되지 않은 상태에서 기대 결과에 대한 목표도 불분명하고, 해야 할 일 자체가 불명확한 상태에서 시작되기 때문에 발생합니다. 최근에는 해 보지 않는 불확실한 일들이 많아지고 있지만 그럼에도 불구하고 일의 시작 지점에서 리더는 일의 기대 목표와 역할을 명확히 정의하며 시작하는 과정이 필요합니다.

구조적 이슈의 또 다른 측면은 '서로 다른 목표의 충돌로 인한 갈등'입니다. 일은 공동의 목표를 향해 움직여야 하지만 같이 일하는 구성원 간에 추구하는 목표가 상충하면 이는 구조적으로 갈등이 표출될 수밖에 없습니다. 자기 목적을 충실하게 수행하는 과정에서 필연적으로 나타나는 갈등입니다. 서로 다른 조직 구성원이 모여 협업하는 과제에서 수시로 발생하기도 하고 같은 팀 내에서도 서로 다른 목표를 향해 움직일 때 발생하기도 합니다. 따라서 이럴 때는 더 상위 차원의 공동의 목적을 분명하게 공유하고 공동의 목표를 향해 움직일 수 있도록 성과의 기준과 방향을 합의할 수 있어야 합니다.

구조적인 충돌이 없더라도 서로 다른 사람과 함께 일하는 상호 관계적 맥락에서 갈등은 필연적으로 발생할 수 있습니다. 글로벌 리더십 전문기관인 DDI의 연구에 따르면 갈등에는 단계적인 연속선이 있으며 현재 갈등이 어느 위치에 있는지를 파악하는 것부터 시작되어야 한다고 말합니다.[28] 갈등은 크게 3단계로 확산되는데 '차이Difference – 불화Discord – 분쟁Dispute'의 연속성 안에서 판단할 수 있습니다.

첫 번째, 다름의 '차이'가 확인된 단계는 서로 다른 생각과 아이디어가 부딪히고 있는 상태입니다. 이 단계에서는 서로 다른 관점이 조화를 이루면 오히려 창의와 혁신을 촉진할 수 있지만 이 문제가 건설적으로 논의되지 못하면 다른 차이로 인해 오해와 갈등이 발생할 여지도 있습니다. 따라서 이 단계에서는 현재 어떤 시그널이 나타나고 있는지를 센싱하고 발견하는 것이 중요합니다. 이 다름의 차이가 건강하고 생산적인 논의가 되도록 인텔이 제안한 건설적 대립의 대화를 활용해 보는 것도 도움이 됩니다.

두 번째, '불화' 단계는 서로 합의점을 찾지 못하는 상황이 지속됨에 따라 서로 감정이 상하고 결국 공동의 목표를 벗어나 '나는 맞고, 상대방은 틀렸다'는 태도를 가진 상태입니다. 이 단계가 되면 리더가 개입해 '코칭'하며 문제 해결을 지원해야 합니다. 리더는 당사자에 대한 개별 코칭을 통해 구성원이 갈등 이슈를 명확히 이해하고 스스로 문제를 해결할 수 있도록 돕는 역할을 할 필요가 있습니다. 리더로서 갈등으로 인한 어려움과 고충은 공감하고 이해해 주지만 이 갈등 문제 해결의 책임은 구성원 당사자에게 있다는 것을 명확히 해야 합니다. 구성원이 스스로 책임을 갖고 문제 해결에 참여하지 않으면 이 문제는 다시 반복되고 지속적으로 악영향으로 돌아올 가능성이 큽니다.

마지막으로 '불화' 단계를 지나 갈등이 더 심해지면 당사자 간에 격렬한 분쟁이 첨예하게 표출되고 모두 자기 주장만 맞다고 강조하며 상대방을 이기려고만 드는 '분쟁' 상태가 됩니다. 이 단

정답 없는 세상에서 리더로 살아가기

계에서는 직접적으로 팀에 피해를 입히고 성과에 부정적 결과가 현실화되기 시작되는 만큼 리더는 직접 조정을 통해 갈등을 해결해야 합니다. 이 과정에서 많은 리더들이 범하는 몇 가지 실수를 유의할 필요가 있습니다. 당사자 중 어느 한 쪽의 말이 맞다고 한쪽 편을 들거나 빠르게 해결하기 위해 리더가 직접 개입해 해결안을 제시하기도 합니다. 때로는 갈등 과정에서 리더가 감정적이 되거나 당사자의 태도가 마음에 들지 않아 태도를 지적하기도 하는데 이는 본질에서 벗어나 오히려 문제를 악화시키는 이유가 되기도 합니다.

조직에서 갈등을 피할 수는 없지만 갈등이 '분쟁'까지 가지 않도록 미리 시그널을 확인하고 건설적으로 해결하려는 노력은 지속적으로 요구됩니다. 앞서 인텔이 제안한 건설적 대립의 경우 매우 유용한 방법이지만 이것도 잘못 적용되면 합법적으로 비난하는 불상사를 경험할 수도 있다고도 합니다. 따라서 우리 조직만의 룰을 만들어서 서로 다른 생각과 가치가 생산적으로 논의될 수 있는 지점을 찾아보고 갈등이 발생할 때는 서로 빠르게 시그널을 센싱해서 갈등이 더 불거지기 전에 리더의 코칭과 조정의 과정이 필요합니다.

적용해 보기

● 팀 내 구성원 간 갈등으로 인한 리스크 시그널이 포착되고 있습니까? 어떤 현상이 목격이 되고 있나요?

● 구성원 간 발생한 갈등의 원인이 구조적인 충돌로 발생하는 이슈가 있습니까? 구체적으로 어떤 이유인가요? 이 문제를 해결하기 위해 어떤 조치를 취할 수 있습니까?

● 현재 직면한 갈등은 '갈등의 연속체' 관점(차이-불화-분쟁)에서 볼 때 어느 단계에 있습니까? 이 문제를 해결하기 위해 리더로서 어떤 행동이 필요한가요?

● 서로 다른 생각과 가치를 지닌 구성원이 일하는 조직에서 갈등은 피할 수 없는 과정입니다. 이러한 냉소적이고 소모적인 갈등을 줄이고 생산적이고 건설적인 논의로 이끌 수 있는 우리 팀만의 룰을 만든다면 무엇이 필요합니까?

고연차 팀원의
업무 몰입도가 떨어질 때

"고연차 팀원이 거의 절반에 이르고 있는데 이들은 자신에게 익숙한 방식만을 고집하고 변화를 받아들이지 않는 경향이 있습니다. 새로운 변화 필요성을 강조하고 있지만 계속해서 푸시하기도 매우 힘듭니다. 특히 계속 후배였다가 리더가 되니 더욱 힘듭니다."

"고연차와 저연차 간 세대 갈등이 여전히 존재하고 있는 것 같습니다. 고연차 팀원이 자기 역할을 충분히 한다면 큰 문제가 없을 것 같은데 현장 특성상 신체적으로 못 따라오는 경우도 있고, 여전히 과거 선배들이 누렸던 환경에 대한 갈망도 남아 있는 것이 사실입니다."

"고연차의 경우 스스로 일에 대한 기대감을 매우 낮게 설정하여 최소한의 역할만 하려다 보니 몰입도 및 신규 역량 신장에 어려움이 많은 편입니다."

이제 조직 구조상 고연차 구성원, 특히 리더보다 나이 많은 연상 팀원이 있을 수밖에 없고 또 점차 많아지고 있는 상황입니다. 고연차 구성원들이 일에 몰입하도록 이끄는 것은 너무나 당연할 뿐 아니라 성과에 매우 중요한 영향을 미치는 요소가 되기도 합니다. 이들이 가진 경험과 전문성이 충분히 활용된다면 큰 힘이 될 수 있지만 이들이 오히려 팀의 분위기를 저해하거나 세력화된다면 오히려 팀워크를 해치고 시너지를 방해하는 위협이 될 수 있기 때문입니다.

그들도 한 때는 탁월한 구성원이었다

카네기 멜론 대학교Carnegie Mellon University의 로버트 켈리Robert E. Kelley 교수는 조직 성과의 핵심으로 구성원의 중요성을 강조하는 대표적인 연구자입니다. 켈리 교수는 조직 내 구성원을 바라보는 프레임을 제시한 적이 있습니다. 켈리 교수에 따르면 구성원은 크게 2가지 관점에서 나누어 살펴볼 수 있다고 제안합니다.[29]

먼저 얼마나 독립적이면서 비판적인 사고를 갖고 행동하는지, 아니면 의존적이고 무비판적인지로 구분할 수 있습니다. 전자는 시키는 대로 하기보다는 스스로 판단하고 비판적으로 검토하면서 일하는 구성원을 말합니다. 보통 스마트하다는 평가를 받기도 하는데 일을 잘 하는 구성원들이 여기에 속할 가능성이 큽니다.

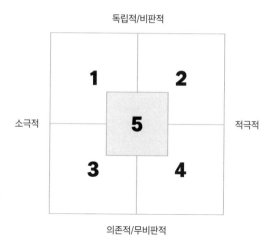

독립적/비판적

1　　　**2**

소극적　　　**5**　　　적극적

3　　　**4**

의존적/무비판적

일을 주도적으로 하다 보니 때로는 리더와 의견이 다를 경우 반대 의견을 내기도 하고 어떨 때는 대들기도 하면서 자기 주장을 명확하게 드러내기도 합니다. 반면 의존적이고 무비판적인 구성원들도 있습니다. 이들은 스스로 대안을 만들거나 방향을 정하기보다는 시키는 일을 충실히 따르는 모습을 보여줍니다.

또 다른 한 축은 얼마나 적극적인지 또는 소극적인지로 구분합니다. 소극적인 유형은 최소한의 노력과 참여를 보이며 시키는 것에 한해 반드시 해야 하는 것만을 중심으로 행동하려는 경향이 있습니다. 반면 적극적인 태도를 지닌 구성원은 자발적으로 참여하고 더 잘 할 수 있는 것을 적극적으로 찾고 기꺼이 행동으로 옮깁니다.

이렇게 2×2 매트릭스가 나오는데 각 영역에 적당히 행동하는 중간 영역을 포함하면 총 5가지 유형으로 구분할 수 있습니다. 먼저 1번 유형은 독립적/비판적이면서 동시에 소극적인 유형의 구성원입니다. 이들은 사실 자기 생각과 주장도 있고 또 꽤 스마트하지만 적극적으로 참여하지 않습니다. 오히려 자주 불만을 드러내며 팀이 하는 일에는 부정적인 경우도 있습니다. "우리 회사는 이게 문제야?" "그렇게 해서 되겠어?" 등 최소한의 필요 역할은 하지만 회사에, 또 리더의 결정에 불만을 가지고 일에도 흥미를 잘 보이지 못하는 유형입니다. 이런 유형을 '소외형'이라고도 합니다.

2번 유형은 어떨까요? 이들은 일에 대한 자기 생각과 주장을 갖고 임합니다. 시키지 않아도 스스로 일을 찾고 적극적으로 참여하며 자기 소신에 따라 일하는 구성원입니다. 이들은 시킨 대로 하기보다는 자신의 생각과 아이디어를 보태고 필요하다면 일을 잘하기 위한 과정에서 리더와 의견이 다를 때 자기 주장을 강하게 드러내기도 합니다. 이들은 조직의 일에 매우 관심을 갖고 적극적으로 참여하면서 주도하는 역할을 하는 구성원으로, '모범형'이라고 볼 수 있습니다.

3번 유형은 의존적이고 무비판적이면서, 또 매우 수동적인 구성원입니다. 시키는 일만 겨우 하는데 그것도 매우 소극적으로 하는, 어찌 보면 회사에서 잘리지 않을 만큼의 일을 하는 사람으로도 볼 수 있습니다. 일에도 흥미를 가지지 못하며 가치 기여도

정답 없는 세상에서 리더로 살아가기

크지 않는 사람으로, '수동형'이라고 볼 수 있습니다.

4번은 의존적이고 무비판적이지만 매우 적극적으로 행동하고 참여하는 사람들입니다. "시켜만 주시면 최선을 다해 수행하겠습니다"라는 태도를 갖고 있고, 리더의 매우 충직한 팀원의 역할을 도맡아 할 가능성이 큽니다. 스스로 대안과 방향을 갖고 일을 만들어가지는 못하지만 리더가 지시하거나 방향을 준 일에 대해서는 누구보다 충실하게 수행하면서 많은 역할을 수행하는 유형으로, '순응형'에 속합니다.

마지막으로 상황에 따라 자기 행동을 바꿔가면서 대응하는 사람도 있습니다. 리더의 의견에 찬성도 반대도 하지 않지만 필요한 만큼은 행동하고 상황에 따라 필요하다고 판단되면 매우 적극인 행동을 보이기도 합니다. 만일 굳이 그럴 필요가 없다고 생각하면 노력을 적당히 줄이면서 요령 있게 행동하기도 합니다. 욕 먹지 않을 만큼, 딱 필요한 만큼 하면서 기여하는 사람으로, 일명 '실무형'으로 분류됩니다.

우리가 속한 조직에는 어떤 유형이 가장 많이 있을까요? 또 우리 회사는 어떤 유형의 구성원을 선호하며, 또 인정을 받을까요? 결정적으로 어떤 유형이 승진하나요? 리더로서 나는 어떤 유형의 구성원과 같이 일하기를 좋아하나요?

조직마다 그리고 사람마다 다르겠지만 현장 리더를 만나 의견을 물어보면 의외로 많은 리더들이 선호하는 구성원은 4번 유형인 '순응형'이라고 말합니다. 리더로서 해야 할 일이 있을 때 적극적으로 나서서 어렵고 힘든 일도 기꺼이 참여해 주는 구성원을 고맙게 생각하는 것 같습니다. 그리고 2번 유형인 '모범형'도 많은 리더들이 함께 일하고 싶어하는 유형의 구성원이라고 말합니다. 최근의 많은 일들은 리더조차 답을 갖고 있지 않은 일이라서 일일히 방향과 가이드를 주기도 어려운데 스스로 고민해서 내안을 갖고 적극적으로 참여하는 구성원이니 이런 구성원이 필요하다고 생각하는 것은 어찌 보면 당연한 일일 것입니다.

반면에 많은 리더들은 조직에서 인정받고 승진하는 유형으로 5번 '실무형'을 꼽기도 합니다. 상황에 따라 윗사람에게 잘 보여야 할 때는 적극적으로 열심히 하고, 또 굳이 그럴 필요 없을 때는 소극적으로 참여하면서 요령 있게 하는 구성원이 오히려 좋은 평가도 받고 승진도 빠르게 한다는 것입니다. 어찌 보면 정치적으로 보일 수 있지만 이런 사람이 인정받는 경우가 많다는 것입니다.

그럼 다시 돌아가서 1번 유형인 '소외형'에 대해 조금 더 생각해 보겠습니다. 1번 유형은 스마트하고 자기 생각과 주장도 있지만 불만을 드러내면서 소극적으로 행동하는 유형입니다. 재미있는 사실은 이 1번 유형이 바로 2번 유형에서 왔다는 것입니다. 이들은 과거 언젠가는 2번 유형의 구성원이었을 가능성이 큽니다. 이들은 매우 적극적이었고 자기 생각에 따라 매우 열심히 일하던 사람이었는데 일하는 과정에서, 또 누군가와의 관계로 인해 점점 냉소적이고 소극적으로 변했다는 것입니다. 1번에서 더 심해지면 어떻게 될까요? 그러면 마지막 단계인 3번 유형인 '수동형'으로 내려가게 될 것입니다. 이들은 일을 적극적으로 하지도, 그렇다고 또 아이디어를 보태지도 않고 그저 자리를 차지하고 때로는 생산성을 낮추는 역할을 하기도 합니다.

생각해 볼 점은 3번 유형의 구성원들도 처음부터 3번 유형이 아니었다는 것입니다. 우리 회사에 들어올 만큼 역량도 있고 태도도 좋았던 사람입니다. 내가 괜찮은 사람인 것처럼 이들도 많은 장점을 갖고 있기 때문에 우리 회사에 와서, 그래도 어려운 일을 하며 지금까지 온 사람입니다. 그런데 일하는 과정에서 본인 개인의 문제일 수도 있고, 또 조직에서의 여러 상황일 수도 있고, 리더와의 관계일 수도 있지만 현재의 모습처럼 일도 태도도 과정도 결과도 무언가에 문제가 발생하고 있는 것입니다. 그래서 안타깝게도 지금과 같은 저성과자의 모습을 보이고 있다는 것입니다.

지금 함께 일하는 각 구성원이 어느 유형에 가까운지, 그리고 이들이 지금까지의 성장 과정에서 어떤 경험을 갖고 지금의 모습이 되었는지를 유심히 살펴볼 필요가 있습니다. 특히 저성과를 보이는 구성원이 처음부터 저성과자가 아니라는 관점에서 과거에 어떤 과정을 경험하고 지금까지 왔는지 살펴보고, 다시 이들이 자기 몫의 역할을 할 수 있도록 일에 몰입하며 가치를 만들 수 있는 기회를 함께 모색할 필요가 있습니다. 더욱이 고연차 구성원의 경우, 이들은 풍부한 경험을 토대로 지금까지 성장 과정에서 많은 기여를 해 온 사람들인 만큼 이들이 지금 기대만큼의 몰입과 기여가 부족하다면 다시 몰입하고 제 역할을 할 수 있도록 면밀히 살피고 지원할 필요가 있습니다.

고연차 구성원이 더 이상 부끄럽지 않게, 자기 몫을 할 수 있도록 이끌기

최근 많은 기업의 조직 구조상 몇 가지 큰 변화가 일어나고 있습니다. 먼저 MZ세대가 가장 큰 비중을 차지하며 주축이 되고 있습니다. 이미 MZ세대는 50% 이상을 차지하고 있고 이들이 리더로 역할을 하기 시작했다는 것입니다. 이와 동시에 또 다른 측면은 과거 대비 50대 이상의 고령 인력도 같이 증가하고 있다는 점입니다. 따라서 현 조직은 젊은 MZ세대와 50대 이상의 고령인력이 같이 일하는 구조입니다. 또 50대 이상의 고령 인력 중에는 과거 팀장과 같은 직책자 역할을 하다가 다시 팀원으로 복귀해 일하는 구성원들도 점차 증가하고 있습니다. 팀장 보임 후 일정 기간 기여 후에 임원으로 승진하면 가장 자연스럽고 좋은 결과이지만 임원의 숫자는 제한적일 수밖에 없는 만큼 임원으로 승진하지 못할 경우 다시 팀원의 역할로 전환될 수밖에 없습니다. 후배에게도 리더 역할의 기회가 필요하고 또 조직의 활력을 위해서도 새로운 변화가 요구되기 때문입니다.

고연차 구성원이 팀원으로서 자신의 경험과 전문성을 가지고 자기 몫을 다하고 있다면 별 문제가 없겠지만 일에 소극적이고 생산성이 떨어지게 되면 단위 조직 리더에게는 고민이 될 수밖에 없습니다. 특히 과거 팀장과 같은 직책자였다가 다시 팀원으로 복귀한 구성원이라면 이들의 상처받은 마음과 태도가 일에 몰입을 어렵게 하기도 합니다. 심지어 고연차 팀원이 과거 자신의 리더였던 상황이라면 나이 어린 리더가 일을 부여하고 관리하는 것도 상대적으로 더 어렵게 느껴지기도 합니다.

구인구직 플랫폼 '사람인'이 직장인 1,113명 대상으로 한 설문 조사에 따르면 전체 응답자의 63.7%가 '연상 부하'와 일해본 경험이 있다고 말합니다.[30] 나이 많은 부하와 일하는 과정에서 절반에 해당하는 50.6%의 리더는 심한 스트레스를 경험했다고 응답합니다. 대표적으로 '업무상 과실을 지적하기 어렵고'(44.6%, 복수응답), '리더의 의견이나 지시를 무시하거나 따르지 않는 경우도 많으며'(40.7%), '변화를 받아들이지 않고 꼬투리만 잡으려 하고'(35.1%), '나이 많은 걸 과시하며'(27.6%), '은근슬쩍 말을 놓고 리더를 무시'(26.2%)하는 행동을 한다는 것입니다.

보직이 없는 고연차 구성원들이 가장 힘들어하는 점은 조직 내에서의 존재감과 자존감의 상실입니다. 특히 팀장 직책을 맡고 있다가 팀원으로 복귀한 경우, 자신의 사회적 가치를 대표하는 보직이나 직책을 상실하게 되면 조직 내에서 자신이 쓸모없어졌다는 생각에 자존감 상실을 더 크게 경험하기 때문입니다. 이들이 보이는 패턴도 다양합니다. 누구보다 열심히 일했는데 '억울하고 인사 제도가 공정하지 못하다'고 반응하기도 하며 '회사에 충성해봤자 다 부질없나, 내 살길은 내가 챙겨야 한다. 가늘고 길게 가자'는 형태로 나타날 수도 있습니다.

그렇다면 실제 고연차 팀원들이 갖고 있는 생각과 현실은 어떠한지 제대로 이해할 필요가 있습니다. 과거 팀장이었다가 다시 팀원으로 복귀한 고연차 구성원 대상으로 인터뷰를 통해 의견을 들어보았습니다. 상황과 맥락은 다양하지만 상당수는 '부끄럽지 않게 기여'하고 싶다고 말합니다. 한국 사회에서 직책과 권한을 갖던 사람이 모든 것을 내려놓고 다시 구성원으로 복귀하는 것은 큰 상처가 됩니다. 자기 스스로에게도, 가족에게도, 특히 같이 일 했던 동료, 후배들에게도 면목 없고 자존심이 상하는 일입니다. 서운하기도 하고 아쉽고 미안한 마음이 드는 것이 사실이지만 그래도 회사에 남기로 한 이상, 부끄럽지 않게 기여하고 자기 몫을 하고 싶다는 것입니다. 그리고 우리 각자의 삶은 이 회사를 떠나서도 계속되어야 하는 만큼 그러기 위해서라도 자신이 할 수 있는 일을 잘하고 싶다고 말합니다. 비록 승진하지는 못했지만 누구보다 이 일을 오래했고 실무자로서 잘했던 경험이 있는 사람들입니다. 또한 해당 분야에서 일하면서 쌓은 네트워크도 있고 발생하는 수많은 문제들도 해결한 경험이 있다 보니 자신들도 충분히 기여하기를 기대한다고 말합니다. 그런데 나이 어린 리더나 후배 구성원들도 자신들을 불편하게 생각하다 보니 선뜻 나서서 말하기도 어려운 상황에 놓여 있다는 것입니다.

고연차 구성원으로서 일하는 당사자도 이들을 이끌며 성과를 주도하는 리더도 모두 쉽지 않은 상황입니다. 이 문제 역시 하나의 정답이 있는 것은 아닙니다. 리더로서 이들의 상황과 맥락을 이해하고 존중하며 지혜롭게 접근해야 하며 고연차 구성원들에게도 책임 있게 자신의 역할을 할 수 있는 명확한 가이드를 제시할 필요가 있습니다.

첫째, 이들의 경험과 전문성을 존중하고 주도적으로 할 수 있는 일에서 자율성을 갖고 임할 수 있도록 기회를 부여해야 합니다. 특히 이들은 일과 조직을 이끌어 본 경험이 있는 만큼 리더를 도와 조직을 더 생산적으로 이끌 수 있는 사람들입니다. 실제 고연차 팀원이 리더의 파트너가 되는 조직은 구성원 간 시너지의 향상은 물론 매우 높은 생산성을 보여줍니다. 이들의 경험과 역량을 인정하고 기꺼이 참여할 수 있도록 도움을 구하고 파트너십을 만들 필요가 있습니다. 그러기 위해서는 이들도 자발적으로 기꺼이 참여할 수 있게 이들의 이야기를 진솔하게 들어주어야 하고, 고연차 구성원 자신들도 업무에 적극적으로 참여할 수 있는 방법을 찾아보아야 합니다. 그리고 리더로서 조직 차원에서의 기대도 전달해야 합니다. 냉소적으로 자기 몫을 하지 않고 소극적인 태도로 임하는 것을 허용할 수는 없습니다.

둘째, 일을 통해 작은 성공 체험을 만들 수 있도록 지원하고 그 결과를 조직 차원에서도 인정하고 격려할 수 있어야 합니다. 승진이 아니더라도 일에서 보람과 의미를 경험할 수 있도록 성공 경험을 다시 축적할 필요가 있습니다.

셋째, 결국 이러한 고연차 구성원과도 지속적인 소통을 통해 이들의 일과 영향력, 관계와 시너지 등을 살피고 지원할 수 있어야 합니다. 따라서 이들과도 주기적인 원온원 미팅을 통해 경청하고 또 리더로서 이들에게 자신의 고민을 이야기하며 적극적으로 조언과 도움을 구할 수 있어야 합니다.

넷째, 조직 차원에서 고연차 구성원이 부끄럽지 않게 일할 수 있는 새로운 문화와 리추얼ritual도 필요합니다. 지금까지 우리의 조직은 구성원으로 기여하다가 일정 기간이 지나 고연차가 되었음에도 리더로 보임하지 못하면 무능력자로, 또는 조직에서 잉여 인력으로 취급을 받는 것이 사실입니다. 그러나 지금은 구조적으로 모든 사람이 리더가 될 수도 없고 또 그럴 필요도 없는 환경입니다. 누구라도 일정 기간 리더 역할을 하다가도 언제든 다시 팀원으로 복귀해 자신의 역할을 수행해야 하는 구조입니다. 따라서 리더로서 새로운 역할로 전환해 조직에 기여하는 것도 중요하지만 리더가 되지 않고 자신의 전문성을 발휘하는 것 역시 조직 차원에서나 개인 차원에서 모두 의미 있는 과정입니다.

우리는 리더가 되면 승진에 대한 축하와 새로운 역할을 위한 교육과 지원 등 리더 역할을 돕기 위한 다양한 지원 제도와 리추얼을 갖추고 있습니다. 반면 리더 역할을 수행하다 다시 팀원의 역할로 돌아온 구성원은 조직 차원에서 아무런 소통도 과정도 없이, 소리소문 없이 팀원으로 편입되고 일을 시작합니다. 당사자는 마치 실패자가 된 것만 같은 마음을 지우기가 어렵습니다. 그러나 지금의 조직 구조에서는 일을 잘해서 인정받아 리더가 된 사람 중 일부는 반드시 팀원으로 복귀할 수밖에 없습니다. 한 번 리더가 되었다고 해서 모두 임원이 될 수 있는 것도 아니고 계속해서 리더의 역할을 지속할 수도 없습니다. 따라서 리더 역할 후 팀원으로 복귀한 구성원에게는 그동안 리더 역할을 수행한 것에 대한 기여도를 인정하는 것이 중요합니다. 그리고 다시 팀원으로서 새로운 전문성을 통해 기여하는 것이 조직 성과나 개인의 성장에 더 필요한 과정이라는 인식을 가질 필요가 있습니다.

따라서 리더 역할 수행 후 팀원으로 복귀한 구성원이 부끄럽지 않고 오히려 그간의 수고와 노력을 인정할 수 있는 나름의 리추얼도 필요합니다. 이들의 수고와 노력을 인정하고 다시 이들이 팀의 일원으로 전문성을 발휘할 수 있도록 역할에 대한 기대도 드러내고 참여할 수 있는 분위기를 만들어야 합니다. 필요하다면 리더의 보임을 축하하듯 이들의 역할 복귀를 환영할 수 있는 자리도 가질 필요가 있습니다. 그리고 우리의 일상적 용어 중에 무의식 중 사용되는 '면팀장' '보직해임' '리더에서 내려오다'와 같은 표현을 지양할 필요도 있습니다. 이러한 표현은 이들을 위축시키고 적극적으로 자신의 역할을 하는 데 방해가 됩니다. 이러한 작은 문화적 변화가 새로운 분위기를 만드는 긍정적 토양이 될 수 있습니다. 이를 통해 많은 구성원이 조직에서 소외되지 않고 자신의 역할에서 부끄럽지 않고 당당하게 일하는 분위기를 만들 필요가 있습니다.

적용해 보기

- 로버트 켈리 교수의 팔로워 관점에서 볼 때, 현재 우리 팀의 고연차 구성원이 보이는 태도는 어디에 속하나요? 이들은 과거 어떤 성장 과정을 경험했으며 이들이 보다 몰입하며 적극적으로 참여할 수 있도록 리더로서 무엇을 지원할 수 있습니까?

- 고연차 구성원과의 원온원 미팅을 통해 확인된 이들의 고충pain-points 은 무엇입니까? 이 문제를 어떻게 지원할 수 있습니까?

- 리더로서 고연차 구성원에 대한 기대와 요구 역할은 무엇입니까? 이 역할을 부여하고 제대로 작동되기 위해서 어떤 접근이 요구되나요?

- 고연차 구성원에 대한 팀원들의 인식은 어떠합니까? 이들과 함께 일하며 시너지를 만들어 내고 있나요? 일반 팀원의 고민과 어려움은 무엇입니까? 이 문제를 어떻게 지원할 수 있습니까?

- 현재 우리 조직 분위기는 고연차 구성원이 부끄럽지 않게 일할 수 있는 분위기와 문화를 갖고 있나요? 리더로서 이들이 부끄럽지 않고 당당하게 일할 수 있는 문화를 만들기 위해 어떤 역할을 시도해 볼 수 있습니까?

3부

미래 리더십을

말하다

새로운 리더십을 센싱하다

기업은 늘 불확실의 세상에서 대안을 찾아 변화를 통해 생존 조건을 만들어 가는 곳입니다. 그래서 기본적으로 기업은 딥체인지 환경에서 출발합니다. 어느 한순간도 변화가 없던 상황은 없었습니다. 다만 변화의 속도와 폭에 있어 상대적 차이를 후행적으로 구분할 뿐입니다. 최근 우리가 직면하고 있는 변화는 일과 일하는 공간 및 방식, 구성원 차원에서 급격히 이루어지고 있습니다. 그 와중에 코로나19로 인한 팬데믹을 거치면서 변화는 더 가속도를 가지고 이전과는 완전히 다른 맥락으로 전환이 이루어지고 있는 모습입니다.

새로운 변화의 시대, 우리는 어떤 요구에 직면해 있고 또 어떤 리더십을 발휘해야 할까요? 리더들이 일상에서 직면하는 수많은 결정적 상황들이 발생하게 되는 본질적인 리더십의 이슈는 무엇일까요? 이를 확인하기 위해 다양한 글로벌 석학 및 리더십 전문가를 만나 미래의 리더십 행동에 대한 의견을 탐색했습니다.

리더십 전문기관인 젠거 포크만의 설립자인 조셉 포크만 박사를 비롯해 DDI의 CEO인 테이시 바이햄Tacy Byham, 애플, GE 등 글로벌 선진 기업의 리더십 개발 전문가 그리고 국내 리더십 분야의 경험 있는 학자 및 전문가들과 심도 있는 논의를 진행했습니다. 이들과의 논의를 통해 변화의 시그널을 확인하고 새롭게 강조되는 리더십이 무엇인지 의견을 추적하기 시작했습니다.

리더십 분야의 글로벌 석학들과의 인터뷰와 글로벌 혁신 기업의 사례와 미래 리더십 관련 연구를 통해 반복적으로 강조되고 있는 리더십 요소 6가지를 확인할 수 있었습니다. 이 6가지 리더십 요소가 과거에는 없었던 새로운 것일까요? 그렇지 않습니다. 오히려 우리에게 너무 익숙한 것들이었습니다. 그러나 과거 그 어느 때보다 훨씬 더 중요한 리더십의 가치로 요구받고 있습니다. 그리고 상황과 맥락이 달라지면서 각 리더십 요소들이 갖는 의미나 요구 행동도 시대에 맞추어 진화하고 있었습니다.

그렇다고 이 6가지만 중요하고 다른 것은 중요하지 않을까요? 역시 그렇게 말할 수는 없습니다. 리더들이 처한 상황과 맥락은 매우 다양하며 그만큼 다양한 형태의 리더십이 요구됩니다. 그럼

　정답 없는 세상에서 리더로 살아가기

에도 불구하고 정답이 없는 불확실성의 시대에 지속적으로 생존하며 새로운 가치를 만들어 나가기 위해서 공통적으로 요구되는 리더십의 요소라고 할 수 있습니다.

이 6가지 리더십은 단기간에 하나의 처방으로 좋아질 수 있는 영역은 아닙니다. 기본적으로 리더십은 연차와 경험이 축적된다고 저절로 좋아지지 않습니다. 의도적인 노력과 훈련이 필요한 영역입니다. 그러기 위해서는 먼저 무엇이 중요한지 알고, 이를 위해 의도적으로 행동을 바꾸고 실천하려는 노력이 필요합니다. 그럼 지금부터 살펴보도록 하겠습니다.

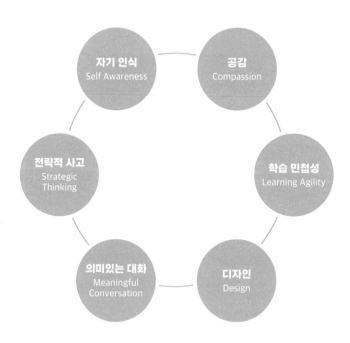

1

정체성에 기반한
자기 인식

왜 리더의 정체성인가

시대가 바뀌고 환경과 맥락이 변화하면 강조하고 요구하는 리더십의 모습도 이전과 달라집니다. 끊임없이 변화하는 비즈니스 현장에서는 더 이상 정해진 답이 존재하지 않습니다.[1] 이러한 미래 일터에서 지속가능한 생존과 구성원의 성장을 이끌기 위해 반드시 필요한 것이 있다면 무엇일까요? 이를 위한 많은 연구들이 있었습니다. 그중 대표적인 연구 하나를 소개하고자 합니다.

미국 아이비리그 대학 중 하나인 코넬 대학Cornell University은 그린피크 파트너스Green Peak Partners라는 컨설팅 회사와 함께 리더의 미래 성공을 예측할 수 있는 핵심 지표를 찾기 위한 연구를 시작했습니다.[2] 이들은 기업 경영에서 오랜 성공을 경험했던 리더(경영자문위원)들을 만나 인터뷰하면서 그들이 성공을 이끈 비결을 찾기 위해 노력했습니다. 성격, 학교 생활, 관계, 비즈니스 경험 등 수많은 스토리를 축적하면서 다양한 요소들을 찾아냅니다. 그리고 나서 그중에서 가장 중요한 마지막 한 가지를 남긴다고 할 때 무엇을 남길 것인가를 질문하며 탐색해 갑니다. 그리고 그 결과를 마주하게 됩니다. 그것은 바로 '정체성에 기반한 자기 인식 Self Awarenness'입니다.

우리가 직면하는 경영 환경은 매우 불확실할 수밖에 없습니다. 정해진 길과 답이 없는 상황에서 불확실하지만 그 안에서 길을 잃지 않고 방향을 찾을 수 있어야 하는데 그러기 위해서는 목적과 정체성에 기반한 자기 인식이 반드시 필요하다는 것입니다. 정체성에 기반한 자기 인식을 갖추고 있을 때 길을 잃지 않고 '자신답게' 길을 찾고 만들며 성장할 수 있다고 말합니다. 이것은 기업도, 리더 개인도 마찬가지입니다.

최근 많은 기업들이 이름(회사명)을 바꾸고 있습니다. 왜 갑자기 새 이름이 필요했을까요? 회사명을 보다 세련되게 하기 위해 바꾼 것은 아닐 것입니다. 회사명을 바꾼다는 것은 자신들의 정체성이 바뀌었다는 것을 의미합니다. 정체성이 바뀌었다는 것은 일이 바뀌고 일하는 방식이 바뀌고 심지어 그 안에 있는 사람과 역량 등 모든 것들이 변화했다는 것을 말합니다. 이처럼 기업도 불확실성의 시대에 길을 잃지 않기 위해서는 기업의 정체성이 너무 중요한 방향키 역할을 합니다.

리더로서 자신의 정체성에 기반한 자기 인식이 있을 때 리더는 길을 잃지 않고 자신의 길을 찾고 만들어 갈 수 있습니다. 리더라면 자신이 담당하고 있는 '일과 업의 정체성이 무엇인지'에 대한 자기 관점을 가질 수 있어야 합니다. 리더가 인식하는 일과 업의 정체성에 따라 일이 디자인되고 일의 방향이 움직이기 때문입니다. 리더로서 나는 어떤 목적과 가치관을 갖고 있는지, 어떤 리더가 될 것인지, 지금 나는 어떤 영향력을 발휘하고 있는지, 그래서 어느 방향으로 가고자 하는지에 대한 리더로서의 역할 정체성을 고민해야 합니다. 리더 스스로 자신의 역할 정체성을 디자인하지 않으면 방향과 초점 없이 닥치는 대로 일하는 모습이 될 가능성이 큽니다. 결국 정체성에 기반한 자기 인식은 리더로서 자신의 목적과 정체성을 명확히 하고, 지금 자신의 모습과 행동이 어떠한지 이해하며, 자신의 정체성이 지향하는 방향을 향해 자기다운 행동으로 실천하는 것을 말합니다.

많은 리더들은 '느닷없이' 갑자기 리더가 되었다고 이야기합니다. 하지만 어느 순간 갑자기 리더가 된 것은 아닐 것입니다. 담당 분야에서 경험과 전문성이 축적되었고, 새로운 아이디어를 갖고 헌신하며 기여한 결과, 조직 성과에도 기여도가 높았고 인정을 받았기에 '어느 순간'이 아닌 '그 순간'에 리더가 된 것입니다. 특히 최근에는 워낙 변화의 속도가 빠르다 보니 성장 조직의 경우에는 리더의 보임이 더 빨라지기도 합니다. 스스로 리더로서의 역할에 대한 충분한 생각과 고민할 시간을 갖지 못했지만 리더의 역할을 시작하게 되는 경우가 많다고 합니다.

사실 많은 경우 조직 내 고위 직책으로 올라갈수록 세상을 보는 눈이 넓어지고 비즈니스에 대한 통찰이 더 확장되는 모습을 보여줍니다. 그리고 다양한 일의 경험이 늘어나면서 일에 대한 전문성도 더 단단해집니다. 이처럼 세상과 일을 바라보는 눈이 커진 만큼 리더는 자기 자신을 바라보는 눈도 함께 커져야 합니다. 그래야 리더로서의 영향력이 올바른 방향으로 갈 수 있기 때문입니다.

그런데 안타깝게도 생각보다 많은 리더들이 세상을 바라보는 눈은 커졌지만 자신을 바라보는 눈은 그만큼 커지지 않고 오히려 좁아지는 경우가 훨씬 더 많은 것이 현실입니다. 조직심리학자인 타샤 유리히Tasha Eurich 박사의 연구에 따르면 많은 리더들이 자기 인식에 대한 착각과 자기 과신 경향이 크다고 말합니다.[3] 타샤 유리히 박사의 실증 연구에서는 응답자의 약 95%가 스스로 자신에 대해 잘 알고 있다고 응답한 반면 현실은 약 15% 정도만이 자기 인식을 충분히 하고 있다고 지적합니다. 이 말은 약 80%의 리더들이 자기인식에 대해 과신하고 잘 알고 있다고 착각하고 있다는 것입니다.

2022년 국내 기업의 리더 및 리더 후보자 403명을 대상으로 한 조사에서도 명확한 자기 정체성을 인식하고 있는 리더는 약 15% 정도로 확인되었습니다. 이는 생각보다 우리가 자기 자신에 대해 충분한 자기 인식을 하고 있지 못하다는 것을 보여줍니다.

리더가 살아가는 환경은 마치 사막에서 길을 찾는 것과 비슷합니다. 사막이 보여주는 모래 지형은 매일 바뀝니다. 지금의 지형을 알려주는 지도가 있다고 해도 밤이 지나면서 바람이 불면 어제의 지도는 무용지물이 되고 맙니다. 모든 지형이 바뀌고 길이 달라졌기 때문입니다. 이런 환경에서 어떻게 길을 잃지 않고 목적지를 향해 움직일 수 있을까요? 사막에서 길을 잃지 않게 하는 나침반은 바로 '북극성'을 발견하는 것입니다. '북극성'을 기준으로 자신의 현 위치를 파악하고 가야 할 방향을 조정하며 길을 찾아간다고 합니다. 수시로 바뀌는 환경과 지형에서 길을 잃지 않도록 방향을 주고 그 방향에서 대안을 찾아 자신만의 지도를 그려 나갈 수 있기 때문입니다. 바로 이 '북극성'이 리더에게는 정체성이고, 이러한 정체성에 기반한 자기 인식이 있을 때 리더는 자신의 역할을 스스로 디자인하고, 리더의 일을 만들어 실천할 수 있게 되는 것입니다. 그렇기 때문에 리더로서 자기 정체성에 대한 몇 가지 질문을 해 보고, 스스로 디자인 해볼 필요가 있습니다.

- 내가 담당하는 업의 정체성은 무엇인가?
- 나는 어떤 리더가 되고자 하는가?
- 리더로서 나는 어떤 고유성과 강점을 가지고 있고, 현재 어떤 영향력을 발휘하고 있는가?
- 나의 정체성에 맞는 나다운 리더십 행동은 무엇인가?
- 그래서 나는 무엇을, 어떻게 할 것인가?

'나다운' 리더 모습의 '상태'를 센싱하고 디자인하다

일반적으로 탁월한 리더 또는 리더십을 말할 때는 보통 비범한 사람이 보여주는 특별한 능력이나 카리스마와 같은 것을 기대하게 됩니다. 그들이 보여주는 놀라운 변화와 영향력 때문에 왠지 나와 같은 일반 사람과는 다를 것이라는 생각을 하기 때문입니다. 그런데 리더십 및 조직 개발 분야의 세계적인 석학인 미시건 대학교University of Michigan의 로버트 퀸Robert E. Quinn 교수는 리더십은 직위Position나 파워Power의 문제가 아니라고 말합니다.[4] 리더십의 핵심은 '지금 어떤 상태에 있는가'와 같은 '상태'의 문제이며, 스스로 어떤 상태가 될지 선택할 수 있다고 강조합니다.

일반적 상태(Normal State)	근원적 상태(Fundamental State)
안전지향(Comfort Centered)	목적 지향(Purpose-Driven)
편안하고 익숙한 것을 따르며, 수동적이다.	얻고자 하는 결과 및 목적을 분명히 하고, 어렵고 힘들더라도 의미 있는 결과를 만들기 위해 노력한다.
외부 지향(External Directed)	내부 지향(Internal Directed)
자신의 내적 가치, 신념보다는 외부의 시선을 의식하고, 외부의 기대에 맞춰 행동한다.	자신의 내면의 목소리에 귀를 기울이고, 신념과 가치를 따른다.
자기 중심(Self-Focused)	타인 중심(Other-Focused)
공동체 이익보다 자신의 이익을 우선시한다.	자신의 이익을 초월하여 공공선을 추구하며, 이타적이다.
폐쇄적(Internally Closed)	개방적(Externally Open)
위험을 회피하고 안전지대에 머무르고자 하며, 외부 변화 자극을 무시하고 차단한다.	안전지대를 넘어 변화에 기꺼이 동참하고, 배우며 참여한다.

퀸 교수에 따르면 우리 모두는 지위 고하를 막론하고 '어떤 상태'에 존재하게 되는데 그것을 '일반적 상태' 또는 '근원적 상태'라고 말합니다. 우리는 때때로 리더답게 행동할 때가 있고, 때로는 리더답지 못하고 부끄럽게 행동할 때도 있습니다. 어느 누구도 항상 리더답게만 행동하지는 못합니다. 우리는 항상 이 두 상태를 왔다갔다 반복하면서 그 어딘가에 위치하곤 합니다.

일반적 상태란 평범한 상태를 말합니다. 변화를 추구하기보다는 자신의 안전지대를 선호하는 모습을 보입니다. 안전지대 안에서는 통제력을 가질 수 있고 자신에게 편안하고 익숙한 방식으로 행동합니다. 굳이 나서서 어렵고 힘든 일을 찾기보다는 어느 정도 성공이 보장된 방법을 선호합니다. 또한 일반적 상태에서는 다른 사람에게 자신이 어떻게 받아들여지는가에 매우 민감하게 반응하는 모습을 보입니다. 일반적으로 사람들은 다른 사람이 자신을 어떻게 생각하는지 알 수 없기 때문에 다른 사람의 생각을 추론해야 하는데 다른 사람들이 자신을 어떻게 평가하고 있는지에 대해 내린 추론에 상당한 영향을 받기도 합니다. 그래서 자기답게 행동하기보다 다른 사람에게 좋게 보이도록 포장될 수 있는 행동이 우선되는 경향이 있습니다. 마치 자신을 1인칭 대본이 아닌 다른 사람의 기대와 요구에 따라 그들이 이끄는 3인칭 대본으로 흉내내는 행동으로 이끄는 경우가 많습니다.[5] 그리고 일반적 상태에 놓이게 되면 자신의 안위와 이익에 민감하게 반응합니다. 자신에게 손해볼 것 같거나 위험할 것 같으면 잠시 눈 감고 외면하며, 의사결정의 기준도 자신의 이익에 초점을 맞추는 경우가 많습니다. 마지막으로 일반적 상태에 있게 되면 외부와 단절되고 자기 안에만 머무르려는 경향을 보입니다.

반면 근원적 상태에 놓이게 되면 일반적 상태와는 완전히 다른 모습으로 생각하고 행동합니다. 안전지대에 머무르는 것은 곧 점진적인 죽음의 상태라고 인식하고 본질적인 목적과 결과를 향해 용기 있고 과감하게 행동합니다. 자신에게 편안하고 익숙한 방식이 아닌 업의 본질과 목적을 생각하고 행동합니다. 그래서 어렵고 힘들더라도 용기 있게 시작하는 모습을 보입니다. 그리고 근원적 상태에서는 다른 사람의 기대와 평가에 연연하기보다는 자기 자신의 내면의 소리를 더 깊게 성찰하고 자기답게 행동하고자 노력합니다. 다른 사람의 기대에 맞추고자 자신과 맞지 않는 3인칭 대본을 흉내내지 않고 투박하고 힘들더라도 자신의 대본으로 용기 있게 행동합니다.

또한 근원적 상태에서는 자신의 이익에 매몰되어 있지 않고 다른 사람과 함께 더 큰 행복과 가치를 추구하는 모습을 보입니다. 근원적 상태에 있을 때는 타인에게 관심을 보이고 다른 사람의 가치를 높이는 일을 자신의 역할로 인식하고 기꺼이 소신 있게 행동합니다. 마지막으로 근원적 상태에서는 내면의 폐쇄성을 줄이고 외부에 더 개방적으로 행동합니다. 다른 사람의 피드백에도 열린 마음으로 수용하고 학습하고 배우는 자세를 유지합니다. 리더로서 근원적 상태에 있을 때 긍정적 에너지로 다른 사람을 끌어당겨 자신뿐 아니라 주변 사람들도 근원적 상태로 이끌 수 있게 됩니다. 그래서 근원적 상태란 다른 말로 하면 리더십 상태라고도 말할 수 있습니다.

리더십이란 결국 자신이 지금 어느 상태에 있는지 센싱하고 자신의 상태를 근원적 상태로 전환하는 것이 핵심입니다. 우리는 이미 그동안의 삶의 과정에서 근원적 상태를 경험해 본 적이 있습니다. 어렵고 힘든 상황이지만 안전지대를 벗어나 용기 있게 결단하고 행동했던 경험이 있습니다. 다른 사람의 판단과 평가에 얽매이지 않고 자기답게 결정하고 더 큰 목적을 향해 행동했던 경험이 있을 것입니다. 내 이익에 연연하지 않고 조직 전체의 이익을 위해 기꺼이 헌신하며 자신의 진정성을 보여주기도 했고 자기 안에 갇히지 않고, 다른 사람과 연대하며 더 큰 행복을 만들기 위해 노력한 경험을 가지고 있습니다.

퀸 교수는 이미 우리의 삶 가운데 이러한 것을 경험하고 실천할 수 있는 힘과 에너지가 있다고 말합니다. 중요한 것은 지금 자신이 어느 상태에 있는지를 센싱하는 것입니다. 우리는 항상 일반적 상태에 있거나 늘 근원적 상태에 있지 않습니다. 이 둘 사이를 오가며, 때로는 일반적 상태의 모습을 보이기도 하고, 때로는 근원적 상태에서 리더답게 행동하기도 합니다. 리더십이란 이처럼 어느 상태가 될 것인가에 대한 선택의 문제입니다. 내가 지금 어느 상태에 있는지 판단할 수 있다면 자신의 상태를 전환할 수 있습니다. 그래서 리더십은 대단한 지식의 문제도 지위의 문제도 파워의 문제도 아닙니다. 자신의 상태를 센싱해서 만일 지금 일반적 상태에 있다면 다시 자신의 모습을 근원적 상태로 전환하는 이슈라고 말하고 있는 것입니다.

우리는 그동안의 성장 과정에서 다양한 리더들과 일해 본 경험이 있습니다. 우리가 만났던 리더들도 때로는 일반적 상태에 놓이기도 하고 때로는 근원적 상태에서 행동하기도 했다는 것을 알 수 있습니다. 다만, 어떤 리더는 비교적 더 긴 시간, 더 자주 근원적 상태를 보이기도 합니다. 구성원들은 이러한 리더를 신뢰하고 따르는 모습을 보입니다. 반면에 어떤 리더는 훨씬 더 자주 일반적 상태에 머물기도 합니다. 보통 이런 일반적 상태에 있는 리더와 일할 때는 구성원들이 에너지를 얻기보다는 소진을, 일의 진척을 통한 성장감보다는 갈등과 어려움을 경험하기 쉽습니다. 리더가 일반적 상태에 있을 때 우리는 감동하거나 긍정적 영향을 받지 못합니다.

"쓸데 없이 나서지 말고, 시키는 대로나 해"

"남들 하는 만큼만 하자"

"전사 차원은 모르겠고, 일단 우리 팀이 욕이나 먹지 않도록 해"

만일 리더가 이런 이야기를 한다면 우리는 어떤 에너지를 얻을 수 있을까요? 어쩌면 지금 일터에서 더 이상 미래를 보지 못할 가능성이 큽니다. 그런데 앞서 이야기했던 것처럼 좋은 리더, 나쁜 리더가 있는 것이 아닙니다. 우리는 때때로 '일반적 상태'에 머물며 의사결정과 행동을 하기도 하고 때로는 근원적 상태에서 판단하고 행동할 때도 있습니다. 나다운 리더 모습이란 지금 내가 일반적 상태에 있는지, 근원적 상태에 있는지를 파악해서 좀 더 근원적 상태에 머물도록 전환하는 문제입니다.

미래에 우리에게 요구되는 리더십은 생각보다 거창한 것이 아닐 수 있습니다. 오히려 자신의 정체성과 목적을 스스로 디자인해 보는 것부터 시작합니다. 우리는 지금까지 삶의 과정에서 자신이 무엇을 잘하고 언제, 어떤 상태에서 나답게 행동하고 가치 있게 느끼는지 경험해 왔고 잘 알고 있습니다. 그뿐만 아니라 어떨 때 내가 행복하지 않은지, 나답지 않은지, 스스로에게 부끄럽고 실망스러운지도 이미 그동안의 삶의 흔적에서 발견할 수 있습니다. 그래서 나다운 리더 모습이 무엇인지를 스스로 발견하는 것이 필요합니다.

나다움을 발견하면 지금 내가 어떤 상태에 있는지는 쉽게 센싱할 수 있습니다. 지금 자신이 리더로서 일반적 상태에서 안전지대에 머물러 있는지, 자신의 이기적인 욕심에 사로잡혀 있는지, 다른 사람의 눈치를 보며 자신답게 행동하고 있지 못한지, 폐쇄적으로 갇혀 있는 것은 아닌지 본인은 알 수 있습니다. 그러면 지금 가능한 방식으로 다시 근원적 상태로 전환을 시도해 볼 수 있습니다. 좀 더 본질적인 목적과 결과를 상상해 보는 것입니다.

우리는 늘 이 둘 사이를 오고간다는 사실을 인정하는 것도 필요합니다. 한 번 근원적 상태에 있다고 해서 항상 그 상태가 유지되는 것은 아닙니다. 사실, 생각보다 더 자주 일반적 상태에 머물러 있기도 합니다. 중요한 것은 내가 지금 일반적 상태에 있다는 것을 깨닫는 순간, 쉽게 근원적 상태로 전환할 수 있다는 것입니다. 센싱하고 관점을 바꾸고, 변화된 행동을 하는 것만으로도 충분합니다. 이것이 변화의 시작이 되기 때문입니다.

2

다른 사람과 연대하여
가치를 만들어 내는 힘,
공감

공감의 리더십으로 변화를 이끌다

지금 이 시대를 관통하는 하나의 메시지를 찾는다면 그것은 '정답이 없는 시대'일 것입니다. 하나의 정답이 없기 때문에 나 혼자가 아닌 다른 사람과 연대해서 살아가야 합니다. 근래에는 조직 내부는 물론이고 외부까지, 심지어 경쟁사도 필요하면 함께 연대하며 문제를 풀어가기도 합니다. 이처럼 다른 사람과 연대하기 위해 반드시 갖추어야 할 것이 있다면 그것은 바로 '공감'입니다. 리더의 공감이 과거에는 중요하지 않았는데 지금에 와서 갑자기 중요해졌다는 것은 아닙니다. 다만 지금의 시대적 환경이 그 어느 때보다 공감을 중요한 리더십의 필수 요소로 만들고 있습니다. 공감이 이처럼 중요해진 이유는 최근 우리가 강조하는 모든 혁신의 출발이 바로 '공감'에서 출발하기 때문입니다. 리더는 고객과 구성원의 아픔과 상처, 그리고 열망을 센싱할 수 있어야 합니다. 센싱할 수 있어야 제대로 된 행동을 할 수 있고 이러한 행동이 새로운 혁신을 만들어 내기 때문입니다.

실제 최근 혁신을 주도하고 있는 글로벌 기업의 경영자들은 한결같이 '공감'을 강조하고 있는데 단지 듣기 좋은 이야기를 하는 것이 아닙니다. 대표적인 사례로 마이크로소프트의 CEO인 사티아 나델라Satya Narayana Nadella가 있습니다.[6] 마이크로소프트는 1975년 빌 게이츠가 창립한 회사로 2000년 전까지는 혁신 기업의 상징이었지만 2000년대 이후 거의 모든 혁신성이 사라집니다. 그리고 그 자리에 관료적 문화와 내부 경쟁이 치열해 서로 총질하는 소위 '쌍권총' 문화가 강하게 남아 있었습니다. 그런데 2014년, 인도 출신의 사티아 나델라가 CEO로 취임하면서 마이크로소프트는 극적인 변화를 맞이하게 됩니다. 그가 취임하면서 가장 먼저 강조한 것 중 하나는 '기술에 공감을 더하라'였습니다. 고객과 구성원의 아픔과 열망을 센싱하고 이 문제를 해결하는 것이 공감이고, 이것이 리더의 역할이며, 사라진 혁신성을 다시 불러일으킬 수 있다고 보았기 때문입니다.

사티아 나델라가 고백하기로 자신도 처음부터 공감 능력이 뛰어나지는 않았다고 말합니다. 썬마이크로시스템에서 일하던 사티아 나델라는 1992년 마이크로소프트로 이직을 위한 면접을 보는 과정에서 낯선 질문을 받게 됩니다. '지나가다가 아이가 길에서 넘어져 울고 있는 것을 보았다면 당신은 어떤 행동을 하겠습니까?' 예상하지 못한 질문에 당황했지만 이내 '911에 전화를 하겠다'고 답합니다. 그러자 면접관은 '넘어져 우는 아이를 봤다면 먼저 일으켜 세우고 안아줘야 한다'고 말하며, 사티아 나델라의 공감 능력이 부족하다고 지적을 했다고 합니다. 다행히 마이크로소프트에 입사해 일하게 되었는데 그후 첫 아들인 자인Zain이 태어납니다. 그런데 이 아이는 뇌성마비에 시력에도 문제가 있는 장애를 갖고 태어납니다. 왜 자신에게 이런 일이 일어났는지 원망스러웠을 것입니다. 장애 아이를 키우고 돌보면서 사티아 나델라는 다른 사람의 아픔을 이해하고 공감하는 것을 삶에서 배웠다고 말합니다. 그리고 이러한 공감 능력이 일상에서 매우 강력한 도구가 되고, 오히려 새로운 혁신의 출발이 된다는 것도 체험하게 됩니다.

실제 사티아 나델라는 마이크로소프트의 CEO로 취임한 후 고위급 경영진 회의를 주재할 때도 이를 십분 활용합니다. 최고 경영자 중심의 전략 회의에서 일반 기업처럼 매출 실적을 먼저 논하는 것이 아니라 요즘 구성원은 어떠한지, 고객의 아픔은 무엇인지, 그리고 무엇보다 리더로서 임원들은 요즘 어떤 마음과 상태인지를 논의하고, 이를 토대로 사업에 대한 논의를 시작했다고 합니다. 그리고 리더들에게 공감의 마음을 강조하기 위해 교육을 하기도 하고 제도와 시스템, 문화를 바꾸기 시작합니다. 과거에는 지나치게 경쟁적이어서 내 동료를 이겨야만 했다면 지금은 '당신의 팀 동료를 위해 무엇을 기여했는가'를 평가하면서 다른 사람의 어려움과 필요를 센싱해서 돕는 것이 가장 중요하다며 이를 실천하도록 이끌었습니다.

사티아 나델라 이후 마이크로소프트는 극적인 변화를 보여줍니다. 기업 가치뿐 아니라 구성원들이 회사에서 느끼는 만족과 몰입도 이전과는 비교할 수 없는 회사로 탈바꿈하게 됩니다. 미국에는 직장인들이 익명으로 자신들의 생각을 공유하는 온라인 커뮤니티인 글래스도어Glassdoor가 있습니다. 이곳은 직장인들이 자기 회사에 대한 솔직한 생각을 자유롭게 표현하는 공간입니다. 대부분 회사에서 차마 드러내 놓고 말하지 못한 불만과 아쉬운 것을 토로하는 장으로도 활용됩니다. 글래스도어에는 구성원이 느끼는 자기 회사에 대한 만족도를 표시하는 데이터가 있는데 어찌보면 가장 솔직한 구성원의 생각을 담은 데이터라고도 할 수 있습니다.

2000년대 이후 2013년까지 마이크로소프트는 구성원들로부터 그리 신뢰받지 못한 모습을 보입니다. 기업에 대한 만족도와 몰입도가 그리 높지 않았습니다(5점 만점 기준 약 3점대 초반). 그런데 2014년 이후 이는 극적인 변화를 보여줍니다. 지금은 4점대를 넘어 많은 구성원이 신뢰하고 몰입하고 있다고 말합니다. 여기에 그치지 않고 기업 가치도 매우 큰 폭으로 상승하면서 다시 혁신 기업으로서의 명성을 드러내고 있습니다. 최근에는 클라우드 사업, 생성형 AI 등 다양한 영역에서도 혁신성을 보여주고 있습니다.

스탠포드 대학에는 컴패션 연구소The Center for Compassion and Altruism Research and Education가 있습니다.[7] 공감을 의미하는 컴패션compassion이란 단어를 보면 '함께하다'는 com이라는 접두어에, passion이라는 단어가 합쳐져 만들어진 것을 알 수 있습니다. passion은 다양한 뜻을 가지고 있습니다. 우리가 가장 잘 알고 있는 '열정'이라는 뜻도 있지만 또 다른 의미로 '고통' '고난' '아픔'이라는 의미도 갖고 있습니다. 그래서 한국어로 공감, 연민, 긍휼 등으로 번역되는 compassion은 다른 사람의 고통과 아픔, 상처를 함께한다는 의미라 할 수 있습니다. 다른 사람의 아픔과 상처, 열망을 센싱하고, 이 문제를 함께 고민하고 해결하려는 노력을 의미합니다. 컴패션 연구소의 연구들은 우리가 알고 있는 대부분의 혁신은 다른 사람의 아픔을 공감하고 이 문제를 해결하는 과정에서 나타난다는 것을 실증적으로 보여줍니다.

사실 공감은 이전에도 중요한 리더십의 덕목이었지만 솔직히 그저 부차적인 측면이 강했던 것이 사실입니다. 국내 기업 임원을 대상으로 리더십 특성을 진단한 사례를 보면 리더들이 상대적으로 '공감'과 '배려'가 크지 않다는 것을 보여줍니다. 이 말은 그동안은 공감이 부족해도 리더가 되고 성과를 내는 데 그리 어려움이 없었다는 것을 말합니다. 심지어 리더가 너무 공감력이 강하면 오히려 리더십을 발휘하고 성과를 창출하는 데 방해가 된다고 생각하는 리더들도 많았습니다. 그러나 이제는 다릅니다. 리더가 구성원의 마음을 센싱하고 그들의 아픔과 열망을 알지 못하면 이들과 새로운 혁신을 만들어 갈 수 없기 때문입니다.

공감의 많은 부분은 감정과 정서적 영역입니다. 리더로서 의사 결정의 상당 부분이 논리적이고 이성적인 영역으로 생각하기 쉽지만 실제 의사결정 과정에는 감정과 정서에 의한 영향이 생각보다 크다고 합니다. 그래서 리더로서 공감 능력을 키운다는 것은 '따뜻한 리더'가 되어야 한다는 것이 아닙니다. 리더로서 보다 합리적인 의사결정을 하기 위해서 공감은 매우 중요한 리더의 덕목입니다. 자신의 감정과 정서를 센싱해서 자신이 어떤 상태인지를 민감하게 이해할 수 있어야 합니다. 동시에 나와 함께하는 구성원과 고객들이 지금 어떤 상태인지, 어떤 아픔과 열망을 갖고 있는지, 그들의 감정과 정서가 어떠한지 센싱하고, 이를 해결하는 과정이 곧 기업 경영의 일환이고 리더의 역할이기 때문입니다.

그런데 리더라는 역할의 속성상, 리더가 되면 공감을 보이기가 생각처럼 쉽지 않은 것도 사실입니다. 오랫동안 권력Power에 대해 연구한 UC 버클리 대학의 켈트너Datcher Keltner 교수에 따르면 권력을 가진 사람은 상대적으로 다른 사람의 아픔과 상처가 잘 보이지도 들리지도 느끼는 것도 어렵다고 말합니다.[8] 구성원이 갖고 있는 많은 어려움과 아픔이 자원과 권한이 있는 리더가 보기에는 사실 별 문제가 아닌 것처럼 느껴질 때가 많기 때문입니다.

사회생물학자이자 행동생태학자인 최재천 박사는 '공감은 길러지는 것이 아니라 오히려 무뎌진다'고 말합니다.[9] 우리는 모두 공감 능력을 갖고 태어나는데 삶의 과정을 통해, 또 권력과 지위가 올라가고 경험이 축적되면서 오히려 우리의 공감 능력이 무뎌지고 있다는 것입니다. 리더로서 자신이 지금 어떤 감정과 정서 상태에 있는지 센싱해 보고 고객과 구성원의 아픔과 열망을 알아차리는 것, 이것이 공감이고 혁신의 시작이며 이 시대 리더에게 가장 필요한 리더십 행동입니다.

'감정 노동'이 아닌, '공감'의 실천

최근의 사회적 변화는 자연스럽게 리더의 공감을 강조하고 있는 분위기입니다. 이전과 같이 위계적 조직 구조에서 명령과 지시가 아닌 수평적이고 유연한 조직 구조로 전환되면서 설득과 소통이 중시되고 구성원 개개인의 가치와 자율성을 존중하는 방향으로 움직이고 있습니다. 리더들도 이러한 변화에 맞춰 구성원들의 이야기를 경청하고 공감하기 위한 많은 노력을 하고 있습니다. 그것도 조금 흉내내는 정도가 아니라 온몸의 체중을 실어

애쓰고 있는 상황입니다. 정신의학 의사인 정혜신 박사에 따르면 안타깝게도 많은 리더들이 공감을 하려고 노력하고 있지만 사실 공감이 아닌 '감정 노동'으로 지치고 소진되고 있다고 말합니다. 서로에 대한 이해와 공감을 통해 더 의미 있는 변화를 꿈꾸지만 실상은 공감을 위해 노력하는 과정에서 많은 리더들은 지쳐가고 고통받고 있는지도 모릅니다. 리더의 공감을 논의하는 과정에 단위 조직을 이끌고 있는 리더들에게 사연을 들었습니다.

"기존에 익숙한 영역이 아닌 새로운 일이 점점 늘어나고 있습니다. 요구되는 지식과 역량도 기존과 다른 것을 요구하다 보니 안타깝게도 우리에게는 아직 없는, 사용해 보지 않은 근육입니다. 업무를 할당하였지만 진도나 일정이 예정대로 진행되지 않을 때의 대응이 참 스트레스입니다. 일에는 마감이 있는데 구성원들은 자유로운 근무 시간과 휴가 일정은 침범하면 안 되는 부분이라 생각하니 강하게 말하기도 어렵습니다. 오히려 구성원은 당당한데 리더인 저는 마치 을이 된 기분입니다. 구성원의 어려움을 이해하고 다시 기회를 주고 방향을 이야기 하지만 업무를 다 하지 못하는 것을 어쩔 수 없다고 생각하는 경우가 많은 것 같습니다. 이럴 때 대응이 어렵습니다."

공감은 기본적으로 상대방의 신을 신어보는 것to put yourself in

someone's shoes이라고 합니다. 상대방의 입장을 알아차리고 이해하는 과정입니다. 그렇다고 공감이 상대방의 의견에 전적으로 '동의'해 주거나 '같은 의견'을 가져야 하는 것은 아닙니다. 그것은 공감과 상관이 없습니다. 사람은 다 다르기 때문에 동일한 상황이라도 생각이 다르고 의견도 태도도 당연히 차이가 있습니다. 그런데 공감을 강조하다 보니 리더로서 나의 생각과 감정은 무시하고 가급적 구성원에게, 상대방에게 맞춰 동의하거나 인정해야 할 것 같은 강박에 시달리는 경우가 많이 있습니다. 그러나 이건 공감이 아닙니다. 그저 감정 노동에 시달리는 상황일 수 있습니다.

때로는 공감하려고 해도 잘 이해도 되지 않고 납득도 안 될 때가 많이 있는 것이 사실입니다. 얼마든지 그럴 수 있습니다. 그렇다면 어떻게 공감을 실천할 수 있을까요? 공감은 상대방의 입장을, 아픔을, 상처를 이해하고 그 문제를 함께 고민하고 해결하는 과정이라고 이야기합니다. 정혜신 박사에 따르면 상대방을 이해하고 공감을 하려면 먼저 '물어봐야' 한다고 말합니다. 공감이 감정과 정서의 영역이긴 하지만 동시에 인지적 과정이라는 것입니다. 물어본다는 것은 호기심과 관심이 있을 때 가능한 행동입니다. 공감은 진정성 있게 호기심을 갖고 상대에게 물어보는 것입니다. 어떤 아픔과 어려움이 있는지, 어떤 변화와 도움이 필요한지 함께 이해하는 과정이 필요합니다. 어느 누구도 척 봐서 알 수는 없습니다. 지레짐작해서 공감하는 척하는 것으로는 한계가 있습니다. 그래서 공감은 무조건 지지해 주거나 동의해 주는 것이 아니라 하나하나 물어봐야 하는 것입니다. 물어봐서 들으면 알게 되고, 알게 되는 만큼 이해할 수 있고, 이해할 수 있는 만큼 공감할 수 있기 때문입니다.

또한 공감은 일방향이 아닌 상호작용을 통한 양방향일 때 지속될 가능성이 큽니다. 리더로서 상대방에게 공감하려 애쓰는 것처럼 상대방도 리더의 생각과 마음을 알도록 알려 주어야 합니다. 그래야 서로 공감이 일어날 수 있습니다. 내 마음만 이해해 주기를 강요하면 그건 심리적 폭력이 될 수 있습니다. 그렇다고 나는 없고 오로지 상대방의 마음만 끊임 없이 이해하려 애쓰는 것은 공감이 아니라 감정 노동일 수밖에 없습니다. 공감은 나와 상대방이 함께 이해할 수 있는 맥락에서 경험할 수 있습니다. 리더로서 자신의 고민과 어려움, 그리고 이 문제를 함께 해결하고자 하는 마음도 함께 이야기가 되어야 합니다. 그래야 모든 것에 동의하는 것은 아니지만 서로 충분히 상호 입장을 이해한 상태에서 우리가 취할 수 있는 가장 합리적인 선택과 행동이 나타날 수 있기 때문입니다.

정답 없는 세상에서 리더로 살아가기

3

지속적인 변화와 성장을 이끄는 힘, 학습 민첩성

성과Performance vs 잠재성Potential

미래 성장을 이끌 차세대 리더를 어떻게 발굴하고 육성할 것인가는 기업의 생존에 있어 가장 중요한 문제 중 하나입니다. 그러다 보니 차세대 리더 발굴과 육성은 CEO의 가장 큰 역할이자 고민이기도 합니다. 2007년 하버드 비즈니스 리뷰에 제프 베이조스의 인터뷰 기사가 실린 적이 있습니다.[10] 베이조스에 따르면 초기 기업을 창업하고 이끌 때는 CEO가 거의 모든 일에 관여하며 직접 챙기게 된다고 합니다. 기획, 생산, 제조, 마케팅, 조직관리 등 전반에서 의사결정하며 회사를 이끌게 됩니다. 그러다가 회사가 성장하게 되면 일상적인 일Operational Jobs은 담당자 또는 전문가에게 맡기고 CEO는 보다 전략적인 아젠다에 집중하는 시간이 많아진다는 것입니다. 그런데 어느 정도 지나고 회사가 더 성장하면 전략 이슈도 맡길 수 있는데 마지막까지 남는 역할이 있다면 그것은 각 사업을 담당할 리더를 세우는 일이라고 합니다. 결국 사람의 문제라고 말하고 있는 것입니다.

우리나라 기업들의 경우 어떤 리더 역할의 자리가 생기게 되면 대부분 내부 구성원 중 가장 적합한 멤버를 선발하여 보임시키는 경우가 많습니다. 그런데 글로벌 기업 중에는 리더 포스트가 생길 때 내부 후보도 추천하지만 조직 밖에서도 후보군을 찾아 그 역할을 견주어 판단하기도 합니다. 그러다 보니 미국이나 유럽의 경우 CEO를 비롯한 임원 등 리더 역할에 적합한 우수 인재를 발굴하고 추천하는 서비스를 제공하는 기업들도 다수 존재합니다. 이런 기업들은 미래 리더로서의 성공 가능성을 진단하여 최선의 후보군을 발굴하고 추천합니다. 과거 오랜 기간 동안 이런 기업의 서비스를 통해 많은 성공 경험을 축적하였습니다.

그런데 2000년대 중반을 넘어가면서 무언가 다른 시그널이 나타나기 시작했습니다.[1] 이들이 추천한 리더들이 기업에서 실패하는 사례가 급격히 늘어나기 시작한 것입니다. 기대와 달리 성과를 내지 못하거나 큰 실패를 거듭하고 생존율도 급격히 낮아진 것입니다. 이는 무언가 미래 리더의 잠재력을 판단하는 기준 지표가 달라졌다는 것을 의미합니다. 결국 이들은 과거 데이터를 다시 분석하며 새롭게 달라진 지점을 찾기 시작합니다. 그리고 마침내 미래 리더를 발굴, 선발하는 새로운 기준을 제안하기 시작했습니다. 그것이 바로 '학습 민첩성'입니다.[12]

과거에는 해당 산업 분야에서의 성공 경험이 매우 중요한 기준이었습니다. 과거의 성공 경험이 새로운 미래에서 또 다른 성공 기회를 만들 가능성이 크다고 판단했기 때문입니다. 그러나 미래는 과거와는 전혀 다른 맥락이 되고 있습니다. 기존에 잘했던 일과 전혀 다른 새로운 일을 요구하는 경향이 더 커지고 있다 보니 더 이상 과거의 성공 경험이 작동되지 않았던 것입니다. 학습 민첩성은 경험으로부터의 학습 능력과 의지이며, 그 결과 새롭거나 처음 직면하는 상황에서도 학습한 것을 빠르고 유연하게 실천하고 적용할 수 있는 능력을 말합니다. 이것이야말로 미래 리더로 성장하는 데 결정적 영향을 미친다는 것입니다. 학습 민첩성이 뛰어난 리더는 지속적으로 새로운 도전을 찾고 적극적으로 다른 사람으로부터 피드백을 구하며 자신의 경험에 대한 성찰과 반성을 통해 학습하고 성장하는 것을 즐기고, 이를 기반으로 실천적이고 실용적인 결과물을 만들어 내는 사람들이었습니다.

지금까지 미래 성장을 이끌 차세대 리더에 대한 판단의 가장 중요한 근거는 과거 성과였습니다. 주어진 역할과 환경에서 탁월한 성과를 내는 사람이 미래에도 지속적으로 성과를 창출할 것이라는 기대이기도 하고 객관적으로 확인하고 판단할 수 있는 기준이 성과 지표밖에 없었기 때문이기도 합니다. 그러나

2000년대 이후 많은 연구 결과에서 과거의 성공과 성과가 결코 미래의 성공과 성장을 보장하지 않는다는 것을 보여주고 있습니다. 리더십 전문가 그룹 위원회Corporate Leadership Council의 연구에 따르면 현재 고성과를 창출하고 있는 사람 중에 미래에도 지속적으로 성장하며 성과를 이끄는 리더는 약 30% 수준이라고 합니다.[13]

이처럼 미래의 새로운 성장과 성과를 만들어 내는 핵심 역량으로써의 학습 민첩성이 강조되면시 최근에는 학습 민첩성이 리더를 선발하는 가장 강력한 지표가 되기 시작했습니다. 해당 산업에 대한 경험이 없더라도 새로운 호기심을 갖고 도전하며 자신의 행동을 유연하게 바꾸는 리더들이 기대 이상의 성공을 만들어 낼 수 있기 때문입니다.

학습 민첩성이 높은 리더의 행동 특성

그렇다면 학습 민첩성이 뛰어난 리더들은 어떤 차별적 특성을 보이는지 이해할 필요가 있습니다. 첫째, 새로운 가능성에 대한 호기심을 갖고 지속적으로 학습하는 모습을 보입니다. 리더의 경험과 성과는 어떤 관계가 있을까요? 리더의 경험이 축적될수록 성과도 같이 좋아질 수 있을까요? 실증 데이터에 따르면 리더의 경험이 축적되고 커질수록 성과는 의미 있는 변화를 보입니다. 그런데 어느 순간이 되면 더 이상 성과가 증가하지 않고 꺾

이는 현상이 나타나기 시작합니다. 기존의 경험이 작동되지 않는 지점이 있다는 것입니다. 그런데 여기에서 중요한 차이가 발생합니다. 어떤 리더는 그럼에도 불구하고 지속적으로 새로운 성장과 성과를 만들어 내는 반면에 기대 성과에 미치지 못하고 급격한 하락을 맞이하는 리더들도 있었습니다. 이 두 리더 그룹 간에 어떤 차이가 있는지를 알아보기 위해 이 리더들과 같이 일하는 구성원의 의견을 물었습니다.

이 두 그룹 리더들의 경험과 역량에는 사실 큰 차이가 없었습니다. 이들을 나누는 결정적 차이는 '경험의 덫'을 피할 수 있는 호기심과 질문에 있었습니다. 리더들은 수많은 경험을 통해 무엇이 성공을 만들고 무엇이 안 되는지에 대해 이미 많은 정보를 가지고 있었습니다. 구성원들이 다양한 제안과 의견을 제시하면 리더들은 경험적으로, 직관적으로 판단을 합니다. 구성원이 열 가지를 제안하면 대부분은 이미 과거에 고민했던 이슈들이거나 왜 안되는지 명확한 일들이 많다는 것입니다. 그리고 대체로 리더들의 판단이 틀리지 않는 경우가 많습니다. 그런데 지속적으로 성과를 만들어 내는 리더들은 그 열 가지 의견 중, 새로운 한두 가지가 있다면 거기에 엄청난 관심을 갖고 질문을 하기 시작한다는 것입니다. 모든 것이 새롭고 기존과 다른 가치를 만들어 낼 수 있는 논리와 근거가 명확해서가 아닙니다. 한두 가지라도 새로운 생각과 아이디어가 있다면 호기심을 갖고 질문하며 필요하다면 정보를 모으고 학습하며 자신의 관점과 경험도 보태어 시도해 볼 수 있는 영역을 찾아나선다는 겁니다. 결국 성과를 만들어 내는 리더들은 경험의 덫에 머물지 않고 새로운 호기심으로 학습하며 기회를 만드는 과정에서 차이를 만들고 있었습니다.

둘째, 아직 검증되지 않은 일들인 만큼 학습 민첩성이 뛰어난 리더들은 새로운 실험과 시도를 통해 가능성을 현실로 만드는 역할에 집중합니다. 거창하지 않아도 자신의 재량 범위에서 충분히 할 수 있는 기회를 만들어 낸다는 것입니다. 이 과정이 반드시 성공을 약속하지는 않습니다. 그러나 설령 실패해도 무엇이, 왜 안 되는지 그 과정에서 학습이 되기 때문에 새로운 실험과 시도 자체가 의미 있는 과정으로 인식하는 차이가 있습니다.

셋째, 학습 민첩성이 뛰어난 리더들은 자신이 수행한 역할 및 성과에 대해 다른 사람으로부터 피드백을 적극적으로 구하는 모습을 보입니다Feedback-Seeking. 단순히 피드백에 대한 수용성 Feedback Taking이 높은 정도가 아닙니다. 스스로 피드백을 요구하고 이 과정을 학습의 기회로, 또 새로운 가치를 만드는 과정으로 활용하는 특징을 보여줍니다.

넷째, 기꺼이 다른 사람을 통해 배우는 것에 개방적입니다. 자신의 분야뿐 아니라 다양하고 이질적인 영역의 사람들과도 협력하며 이들의 경험과 지식을 배우는 것에 적극적입니다. 자신이 새로운 것을 배우는 데 관심을 가질 뿐 아니라 함께 일하는 구성원에게도 새로운 학습의 기회를 지원합니다.

　반면 학습 민첩성이 부족한 사람은 이러한 부분이 부족할 뿐 아니라 다음과 같은 특징을 갖는다고 합니다. 먼저 방어적 태도가 강하게 드러납니다. 타인의 피드백을 모욕과 부끄러운 것으로 인식하고 이를 거부하거나 방어적 모습을 보이는 경향이 큽니다. 또한 실패에 대한 두려움으로 애매하거나 불확실한 것을 회피하고 안전지대에 머물려는 모습을 보이고 과거 자신의 경험과 생각에 지나치게 의존하며 새로운 변화에 유연하게 대응하는 데 어려움을 겪기도 합니다.

　조직심리학자인 드뮤즈Kenneth P. De Meuse 박사는 유럽, 아시아, 북미, 남미 등 4개 지역에 있는 25개 회사, 총 2,242명을 대상으로 학습 민첩성에 대한 연구를 진행한 결과 몇 가지 특성을 밝혀냅니다.[14] 첫째, 학습 민첩성 수준은 조직 내에서 정규 분포를 나타내고 있었습니다. 이는 동일 조직 내에서 리더에 따라 학습 민첩성 수준이 매우 다양하다는 것을 보여줍니다. 학습 민첩성이 매우 탁월한 리더가 있는가 하면 매우 낮은 리더도 동시에 존재하고 있었습니다. 둘째, 성별이나 연령과는 큰 차이가 없었습니다. 셋째, 국가 간, 대륙 간에도 유의미한 차이가 없었습니다. 학습 민첩성은 인지 능력이나 성격 특성과도 구분되는 개념으로 학습 민첩성이 현 직무에서의 성과나 미래 리더로서의 성공 가능성에 대해 훨씬 더 잘 예측할 수 있다는 것을 실증적으로 검증

한 것입니다.

정답이 없는 불확실한 미래는 지속적으로 새로운 호기심과 관심을 갖고 탐색하고 학습하며 리스킬링하고, 업스킬링하는 과정이 무엇보다 중요합니다. 이러한 의도적인 노력과 실천이 미래 리더로서의 성장과 성공을 이끄는 강력한 동력이 될 수 있습니다.

정답 없는 세상에서 리더로 살아가기

4

성과를 만드는 힘,
디자인

리더는 구성원의 환경이자, 환경을 디자인 하는 사람

기업은 결국 성과를 통해 성장을 만드는 곳입니다. 누가, 어떻게 고성과를 만들어 낼 수 있을까요? 이를 아주 간단하게 이해하고 설명하는 방식이 있습니다. AMO 이론이라는 성과 방정식이 있습니다.[15] 성과를 만들기 위해서는 이 세 가지가 필요하다는 것인데 먼저 A는 능력Ability를 말합니다. 누가 성과를 내는지, 어떻게 성과를 내는지의 관점에서 결국 역량이 뛰어난 사람이 중요하다는 것입니다. 탁월한 역량을 지닌 구성원이 성과를 만들어내는 만큼 리더는 역량이 높은 구성원을 선발하고 육성할 수 있어야 합니다.

그러나 역량만으로는 한계가 있습니다. 역량이 뛰어나도 그 구성원이 자발적이고 의욕적으로 무언가를 하고자 하는 동기 Motivation가 없다면 변화를 만들기 어렵기 때문입니다. 따라서 역량이 뛰어난 구성원이 동기도 충만하다면 기대 이상의 성과를 만들어 낼 수 있다는 것입니다.

그런데 이 두 가지만으로도 한계가 있습니다. 역량이 탁월하고 동기가 충만해도 적절한 기회Opportunity가 필요하기 때문입니다. 고성과가 창출되기 위해서는 탁월한 역량을 지닌 구성원이 높은 동기를 유지하고 발휘하면서 동시에 적절한 환경적 뒷받침이 필요하다는 것입니다. 이것이 전략적 인사 조직에서 바라보는 성과 방정식의 구조입니다.

리더가 중요한 이유는 바로 리더가 구성원의 환경이기 때문입니다. 구성원이 리더라는 환경과 무대 위에서 자신의 역량과 동기를 발휘할 때 새로운 가치를 만들고 성장을 이끌 수 있기 때문입니다. 동시에 리더는 구성원의 환경을 디자인하는 사람이기도 합니다. 구성원이 하는 일과 일터, 일하는 방식을 디자인하고 구현하는 사람이 바로 리더입니다. 결국 리더는 '디자인'하는 사람이며, 리더에게 가장 중요한 리더십의 역량도 디자인 역량입니다.

리더로서 담당하는 역할은 저마다 다릅니다. 속한 산업도 모두 다르고 업의 역할도 다르며 성과를 만들어 가는 방식도 차이가 있습니다. 함께 일하는 구성원의 속성도, 경험도, 역량도, 구조도 다 다릅니다. 결국 리더가 담당 조직에서 성과를 내는 방식도 환경을 디자인해야 하는 모습도 다를 수밖에 없습니다. 이것은 스스로 발견하고 디자인해 나갈 수밖에 없습니다. 우리 조직의 업의 정체성에 맡게 구성원의 특성을 고려해서 그리고 지금 처한 상황 맥락에 기반해 리더로서 해야 할 역할과 방향을 스스로 고민하고 디자인해 나가는 것, 그것이 미래 리더로서의 역할일 수밖에 없습니다. 참고하고 따라 할 수 있는 베스트 프랙티스가 있다면 좋겠지만 이 영역에서 베스트 프랙티스가 존재하지 않기 때문입니다.

구성원이 조직에 몰입하는 수준

조직 문화 연구에 따르면 구성원이 조직을 떠나지 않고 남아서 일하는 '조직 몰입Organizational Commitment'에는 3가지 차원이 있다고 말합니다.[16] 몰입의 정도에 따라 '지속적 몰입Continuous Commitment' '정서적 몰입Affective Commitment' '규범적 몰입Normative Commitment'으로 나눠집니다.

먼저 '지속적 몰입' 또는 '도구적 몰입'이란 현 조직을 떠나게 될 경우 발생하는 기회 비용에 대한 손해를 고려하여 손해를 보지 않기 위해 남는다는 것입니다. 대표적인 것으로 보상이나 인센티브가 여기에 해당합니다. 이 조직을 떠나게 되면 보상이 줄기 때문에 남는다는 것입니다. 만일 구성원이 지속적 몰입에 머물러 있다면 이들을 동기부여 시키고 몰입하게 할 수 있는 것은 그들이 원하는 보상과 인센티브를 지속적으로 제공하는 방법밖에 없습니다. 이들에게 기대 이상의 보상을 주면 그에 따라 열심히 일하고 몰입하는 모습을 보여줍니다. 그런데 만일 보상이나 인센티브가 줄어들면 어떻게 될까요? 구성원이 지속적 몰입에 머물러 있는데 보상이 줄면 일을 줄입니다. 그래서 자신의 노력과 기여를 낮춰서 그 정도를 맞추게 됩니다. 따라서 이들을 열심히 일하고 몰입하게 하기 위해서는 지속적으로 보상을 늘리는 것이 유일한 방법입니다. 충분한 재원이 있고 지속적으로 투자할 수 있다면 가능하겠지만 현실 경영에서 이는 한계가 있습니다. 보상만으로 구성원을 몰입시키고 열정을 불러 일으키기에는 제약이 있을 수밖에 없습니다.

두 번째는 '정서적 몰입'입니다. 구성원이 조직에 헌신하고 몰입하는 이유가 조직을 자신과 동일시 여기고 그 안에서 경험하는 정서적 관계와 유대감으로 인해 몰입하는 경우를 말합니다. 회사를 떠나지 않는 이유가 함께 일하는 동료와의 관계와 연대감이라는 것입니다. 연구에 따르면 정서적 몰입이 지속적 몰입에 비해 더 지속적이고 강한 몰입도를 보이며 성과에 대해서도 긍정적 영향을 보여줍니다. 그러나 여기에도 일정 수준 한계는 존재합니다.

마지막으로 '규범적 몰입' 또는 '도덕적 몰입'입니다. 조직을 떠나지 않고 남아서 몰입하는 이유가 그 일에 대한 목적, 가치, 의미에 공감하고 그 일 자체에 대해 깊이 일체감을 느끼며 헌신하기 때문이라는 것입니다. 많은 실증 연구에 따르면 구성원들이 규범적 몰입에 의해 참여할 때 더 건강한 조직, 더 지속가능한 성장과 성과를 만들어 낼 수 있다는 것을 보여줍니다.

국내 기업의 리더들은 산하 구성원들이 어느 단계에서 몰입하고 있다고 느낄까요? 이 역시 조직마다, 리더마다 상황이 모두 다를 것입니다. 이를 일반화할 수는 없지만 국내 기업에 재직 중인 리더를 대상으로 의견을 모아보면 구성원의 몰입 단계는 여전히 지속적 몰입이 가장 많고 정서적 몰입 그리고 규범적 몰입의 순이라고 인식하고 있습니다. 많은 구성원들이 보상이나 인센티브 같은 도구적 몰입에 머물러 있다는 것입니다. 반면 일의 목적과 의미를 느끼고 스스로 일을 찾아 실행하는 규범적 몰입 단계는 매우 제한적이라는 것입니다. 구성원별 개인적 가치의 차이가 영향을 미치기도 하지만 구성원의 환경으로, 또 구성원이 일하는 일터와 일을 디자인하는 리더의 역할이 중요한 이유입니다. 구성원이 지속적 몰입에 멈추지 않도록, 정서적 몰입에 만족하지 않도록, 도덕적 몰입 경험을 통해 성장을 이끌 수 있는 환경을 디자인하는 것이 리더의 역할입니다.

구성원 몰입을 위한 리더의 역할 디자인

그렇다면 구성원들은 리더들과 일하는 과정에서 언제, 어떤 때 몰입하고 성장을 경험할까요? 또 언제 스트레스를 받고 의욕이 떨어질까요? 국내 기업 직장인 4,502명에게 물었습니다. 다양한 생각과 의견들이 모였습니다. 하나의 통일된 이야기는 아니지만 몇 가지 공통적인 요소들이 확인되었습니다.

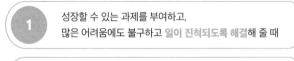

1. 성장할 수 있는 과제를 부여하고,
많은 어려움에도 불구하고 일이 진척되도록 해결해 줄 때

2. 작은 업무도 직접 챙기고 확인하여 인정해 줄 때

3. 어떤 이야기도 격의 없이 진정성 있는 소통할 때

4. 일이 잘못되더라고 떠넘기거나 회피하지 않고,
결과에 책임지는 모습을 보일 때

5. 다양한 이해관계자로부터
조직과 구성원을 보호하고 지켜줄 때

첫째, 구성원들은 많은 어려움에도 불구하고 담당하고 있는 '일이 진척'되고, 성공 경험을 체험할 때 몰입과 성장을 경험한다

고 말합니다. 회사에서 구성원들이 담당하는 일은 어느 하나 쉽고 만만한 것은 없습니다. 일하는 과정은 늘 수많은 어려움과 난관을 해결하는 과정입니다. 구성원이 말하는 일의 의욕이 떨어지고 가장 힘들고 괴로운 순간은 일이 진도가 나가지 않고 막혀 있는 상태라고 말합니다. 결론 없는 일이 반복되거나 무언가 해결해야 할 이슈가 해결되지 않고 남아있거나 때로는 리더가 방치해서 생기기도 합니다. 이는 하버드 경영대학의 테레사 애머빌 Teresa M. Amabile 교수의 연구에서도 밝혀진 바와 같습니다.[17]

애머빌 교수는 3개 산업군에 속하는 7개 기업의 26개 신사업 조직 구성원을 대상으로 일과 후 회사에서 느낀 경험과 감정을 일기로 기록을 남기게 한 뒤 약 1만 2000여 건의 일기를 분석하였습니다. 그 결과 구성원들이 매일 사소한 업무라도 일에서 일이 진척되고 작은 성공 체험을 경험할 때 몰입하며 긍정적 상태를 유지할 수 있다는 것을 확인하였습니다. 따라서 리더는 구성원이 담당하는 일을 면밀히 살필 수 있어야 합니다. 지금 어떤 상태에 있는지, 어디에서 막혀 있고 무엇이 해결해야 할 이슈인지를 파악하고 그 문제를 해결할 수 있도록 지원하거나 리더로서의 역할을 담당해야 합니다. 이를 방치하면 그래서 구성원들의 일이 진척되지 않고 막혀 있다면 구성원의 몰입은 급격히 하락하고 고통과 괴로움의 과정이 된다고 말합니다.

둘째, 구성원은 일을 통해 '인정'받을 때 스스로 성장한다고 느낍니다. 앞서 살펴본 바와 같이 일상적 업무에서 구성원들은 자신의 업무 수행과 기여에 대해 생각보다 인정받는 기회가 적다고 말합니다. 구성원이 담당하는 일에는 일상적이고 루틴한 일도 있고 기존에 하지 않았던 새로운 실험과 시도, 때로는 도전적인 과제도 있습니다. 구성원이 하는 모든 일은 다 의미가 있고 그 많은 시간과 노력, 고민이 요구되는 과정입니다. 따라서 구성원이 하는 일들에 대해 의미를 부여하는 것과 수행 과정에 대한 격려를 해 주는 것, 또 작은 성공이라 하도라도 구성원의 기여에 대해 관심을 주고 인정을 하는 것은 매우 중요한 과정입니다.

셋째, 구성원들은 자신이 조직의 다양한 스토리에서 소외되지 않고 그 중심에서 함께 할 때 몰입할 수 있다고 말합니다. 지금 우리가 어떤 상태에 있는지, 지금 어디로 향하고 있는지, 그래서 무엇을 해야 하는지, 하고 있는 일들은 어떻게 진행되는지 등 전 과정에서 같은 위치에서, 같은 곳을 볼 수 있어야 합니다. 그러기 위해서는 충분히 진정성 있는 소통이 이루어져야 합니다. 리더가 모든 문제와 이슈에 대해 비전을 갖고 대안과 비전을 제시해야 하는 것은 아닙니다. 이미 그러기에는 현실의 변화가 너무 빠르고 아무도 답을 갖고 있지 않을 때가 많습니다. 오히려 리더와 구성원이 함께 머리를 맞대고 새로운 대안을 찾는 과정이 더 중요한 시대입니다. 그러기 위해서는 지금 일어나고 있는 상황과 맥락에 대해, 또 지금의 위치에 대해 투명하고 진정성 있는 소통이

정답 없는 세상에서 리더로 살아가기

있을 때 구성원이 함께 몰입하며 그 과정에 참여할 수 있기 때문입니다.

넷째, 구성원은 리더가 자신의 문제를 함께 고민하고, 함께 책임져 줄 때 리더의 진정성에 공감하며 리더를 신뢰하고 조직과 일에 몰입하는 모습을 보입니다. 기본적으로 담당 과제는 담당 구성원이 책임 있게 노력하고 과정과 결과에 대한 책임을 집니다. 동시에 리더 역시, 담당 조직에서의 일에는 무한 책임을 함께 하는 역할입니다. 일이 실패했거나 또는 기대와 달랐을 때 리더가 이에 대한 책임을 구성원에게 전가하지 않고, 리더로서 결과에 대한 책임을 지는 모습을 보일 때 구성원은 더 큰 책임과 신뢰와 몰입을 경험한다고 말합니다.

마지막으로 구성원들은 리더가 자신을 포함해 담당 조직을 보호하고 지켜줄 때 리더를 신뢰하고 역할에 몰입할 수 있다고 합니다. 구성원이 부당한 비난을 받지 않도록, 또는 불필요한 일에 에너지를 소모하지 않도록, 또 구성원의 기여와 노력이 정당한 인정과 보상을 받을 수 있도록 리더가 목소리를 내고 구성원을 보호할 수 있기를 기대한다는 것입니다.

리더는 결국 디자인하는 사람입니다. 리더가 되면 일이 주어지는 것이 아니라 스스로 발굴하고 디자인하고 이를 구성원과 함께 만들어 가는 사람입니다. 구성원이 일할 수 있는 토대를 만드는 디자인 작업은 리더가 해야 할 가장 중요한 역할 중 하나입니다. 지금 구성원이 어느 상태에 있는지 센싱하고, 구성원이 더 몰입할 수 있는 환경을 지속적으로 점검하면서 일과 일터와 일하는 방식의 디자인을 통해 구성원이 더 자발적이고 의욕적으로 일할 수 있도록 이끌 수 있는 역할을 고민해야 합니다.

5

의미 있는 대화

소통의 빈도와 질

코로나19가 한창이던 2020년, 기존에 당연하던 것들을 할 수 없어지면서 일상에서 단절을 경험할 수밖에 없었습니다. 기업도 마찬가지였습니다. 구성원들은 사무실에 모일 수 없었고 일하는 방식도 달라질 수밖에 없었습니다. 많은 기업들은 매년 조직문화나 리더십, 구성원의 일과 조직에 대한 몰입도 등을 파악하기 위한 진단을 수행하는데 진단 지표상에서 큰 하락이 있지 않을까 우려가 커진 상황이었습니다. 그리고 실제 많은 기업들에게 이 문제가 현실화되기 시작했습니다. 예측할 수 없었고 준비하지 못한 많은 기업들은 구성원과의 단절과 혼란 속에서 어려움에 직면할 수밖에 없었던 것입니다. 그런데 오히려 더 좋아지는 기업들도 나타나기 시작했습니다. 이 기업의 구성원들은 회사에 대한 소속감, 리더에 대한 신뢰, 일에 대한 몰입, 자신의 역할에 대한 기여가 더 강해지고 있다는 것입니다. 이 두 기업의 차이를 만드는 결정적 차이는 바로 '소통의 질과 빈도'였습니다.[18]

변화와 위기의 시기에 구성원과 더 단단한 관계를 구축하고 빠르게 혁신을 시도하며 새로운 가치를 만들어 내는 기업의 공통된 특징 중 하나는 구성원들이 같은 페이지에 있도록 지속적으로 투명하게 소통하는 역할을 해내고 있다는 점이었습니다. 상황은 수시로 변하고 있었고 이에 따라 능동적으로 대응하면서 다양한 실험과 시도를 할 수밖에 없는 상황입니다. 이들이 거창한 비전을 제시하거나 한 방향으로 이끄는 강력한 리더십을 제시한 것은 아니었습니다. 대신 지금 자신들이 어떤 상황에 있으며 어떤 활동을 하고 있는지, 지금 그것이 어떻게 되고 있는지를 수시로 소통하고 있었습니다. 그리고 자신의 일과 역할이 지금 회사에서 어떻게 작동되고 있는지, 앞으로 어떤 일들이 벌어질 것인지에 대해 구성원과 막힘없이 소통하고 있었습니다. 그리고 구성원들이 갖는 궁금증에 대해 가감 없이 진솔하게 대화하고 소통하는 모습을 보인다는 것입니다. 즉, 이들의 소통 빈도와 소통의 질이 달랐습니다. 그래야 구성원이 지금 자신들의 위치를 알고 공통된 인식을 갖고 자신의 역할을 스스로 찾아갈 수 있기 때문입니다.

이들은 다양한 방식의 소통을 구사하고 있었습니다. 전사적인 이슈 공유를 위한 타운홀 미팅부터 리더와 구성원 간 개별적인 원온원 미팅까지 다양한 방식을 통해 구성원과 소통을 시도했다고 말합니다. 구성원과 문제 인식을 같이 공유하고 개별 구성원이 갖고 있는 어려움을 함께 해결하며 문제를 풀어가고 있었습니다. 똑같은 위기와 어려움에 직면해 있었지만 이들은 적극적으로 소통하며 대응해 가는 과정에서 큰 차이를 보였던 것입니다.

리더십의 실체, 리더의 말과 행동

리더십을 발휘한다는 것은 리더와의 대화를 통해 구성원이 더 가치 있고 의미 있는 목적과 결과를 향해 실천하도록 이끄는 것을 말합니다. 우리는 리더의 리더십 발휘를 통해 구성원이 일의 목적과 의미를 인식하고 몰입하게 되기를 기대합니다. 또한 구성원은 일을 통해 성장 체험을 하며 담당하는 과제의 수많은 문제를 해결하고 생산적 가치를 만들 수 있어야 합니다. 이 모든 과정은 결국 리더와의 의미 있는 대화를 통해 구성원이 체험하고 현실화되어야 하는 과정입니다. 그래서 21세기 기업을 이끄는 운영 시스템이 곧 '대화'라고 합니다.[19] 우리가 기업을 새롭게 혁신하는 가장 좋은 방법은 리더의 언어 수준, 즉 대화의 질을 혁신하는 것입니다. 이를 통해 의미 있는 변화를 만들어 낼 수 있기 때문입니다. 그런데 안타깝게도 갤럽의 연구에 의하면 구성원이 리더와의 대화에서 의미를 경험하는 순간은 고작 16% 정도에 머물러 있다고 말합니다.[20]

대화가 갖는 독특한 특성 중 하나는 우리가 일상적으로 평생 하는 것이 대화이지만 결코 저절로 좋아지지 않는다는 것입니다. 생각해 보면 우리가 일터에서 하는 대부분의 일은 대화하는 과정입니다. 리더와 구성원 간, 동료 구성원 간, 이해관계자 또는 고객과 대화를 나눕니다. 그런데 이러한 대화 과정에서 서로의 언어로 인해 우리는 수도 없이 상처를 주기도 하고 또 상처를 받기도 합니다. 의미 있는 소통을 하고자 시작했지만 오히려 갈등과 혼란을 만들기도 합니다. 대화의 질은 저절로 좋아지지 않습니다. 이는 의도적인 노력이 필요한 과정입니다. 특히 리더는 대화의 질을 높이기 위해 의도적으로 훈련할 필요가 있습니다. 리더의 대화는 의미 있어야 하며 조직의 성과와 구성원을 성장시킬 수 있는 언어와 대화가 되어야 하기 때문입니다.

조직심리학자이자 컨설턴트인 마샬 로사다Marcial Losada 박사와 미시건 대학의 에밀리 히피Emily D. Heaphy 교수는 정보처리 분야에 속한 한 대기업의 60개 전략 사업팀을 대상으로 고성과팀과 그렇지 않은 팀의 대화의 질을 분석하는 연구를 수행했습니다.[21]

구분	고성과팀	중간	저성과팀
긍정적 대화 vs 부정적 대화	5.614 : 1	1.855 : 1	0.363 : 1
질문하기 vs 주장하기	1.143 : 1	0.667 : 1	0.052 : 1
타인 관점 vs 자기 관점 표현	0.935 : 1	0.622 : 1	0.034 : 1

먼저 성과를 기준으로 고성과팀, 중간, 저성과팀으로 구분하고 이들의 연간 사업 계획과 같은 회의 과정에서 드러나는 리더의 메시지를 분석하였습니다. 먼저 긍정적 언어와 부정적 언어의 비율에서 어떤 차이가 있는지를 확인해 보면 고성과팀은 부정적 발언 대비 긍정적 발언의 비율이 약 5.6배 이상 더 많이 언급되는 것으로 나타납니다. 반면 저성과팀은 오히려 부정적 발언의 비율이 긍정적 대화 대비 약 3배 정도 더 많은 비중을 차지한다는 것입니다. 고성과팀과 저성과팀을 비교하면 고성과팀이 저성과팀에 비해 긍정적 대화의 빈도가 약 15배 정도 높게 나타납니다.

또한 고성과팀은 호기심을 갖고 질문하며 대화를 이어가는 비중에서도 큰 차이를 보입니다. 고성과팀은 일상 대화 대비 1.14배, 즉 비슷하거나 조금 더 많은 질문을 통해 구성원의 제안과 의견을 발전시키고 논의를 진척시키는 반면 저성과팀은 거의 질문이 없다는 것입니다. 이뿐만 아니라 이야기 방향의 주체 차원에서도 고성과팀은 자기 관점과 비슷하게 타인의 관점을 고려한 대화가 진행된다면 저성과팀은 거의 압도적으로 자기 관점에서의 주장이 주를 이루는 모습을 보입니다.

이처럼 팀 대화의 주된 분위기를 만들고 이끄는 리더의 영향력이 큰 점을 고려하면 리더는 자신의 언어, 팀의 대화 수준을 면밀하게 점검하고 구성원과 이루어지는 팀의 대화의 질과 빈도를 살펴볼 필요가 있습니다. 심리학자이자인 존 가트만 교수John M. Gottman는 연구에서 상호 관계의 질을 파괴하는 4가지 언어 패턴이 존재한다는 것을 실험을 통해 증명해 냅니다.[22]

파괴적인 대화는 다음과 같은 패턴을 보인다고 합니다. 먼저 '비난'으로 대화가 시작됩니다. 그러면 상대방은 이에 대해 '방어'적인 대응을 하게 되고 자연스럽게 그 다음 대화는 상대방에 대한 '경멸'로 이어지며, 이후 두 관계는 '담쌓기'를 통해 대화가 단절되고 관계는 파괴적으로 발전한다고 말합니다. 이러한 '비난-방어-경멸-담쌓기'는 우리가 미처 인지하지도 못한 상태에서 쉽게 드러나는 대화 패턴이 되기도 합니다. 그리고 이는 우리의 관계를 파괴합니다. 부부 간 대화, 자녀와의 대화, 구성원과의 대화도 같은 원리가 작동될 수 있다고 말합니다.

리더로서 나의 언어 레퍼토리가 무엇인지를 살펴볼 필요가 있습니다. 언어는 수십 년간 이어온 자신의 생각과 가치가 묻어난 과정이며 나도 모르게 반복적으로 보이는 레퍼토리가 있습니다. 이것이 다른 사람을 격려하고 동기를 이끌며 의미를 부여하기도 하지만 때로는 에너지를 소모시키고 갈등과 부정적 정서를 만들어 내기도 합니다. 하버드 경영대학의 마이클 포터Michael Porter 교수가 기업의 수많은 리더들을 만나고 이들을 인터뷰하면서 발견한 것 중 하나는 오히려 리더들이 조직에서 가장 중요한 정보를 가장 늦게 알게 되는 경우가 많다고 것입니다.[23] 리더들이 조직 내 중요 정보에 가장 가까이 있지만 정작 중요한 조직 내 구성원 사이에서 어떤 일이 벌어지는지, 구성원들이 어떤 생각을 갖고 행동하는지에 대해서는 가장 늦게 정보를 얻는다는 것입니다. 리더와의 대화에서 구성원들이 안전함을 느끼고 투명하게 모든 것을 소통할 수 있다고 느끼지 못하면 구성원들은 리더와의 대화를 피하고 안전한 대화를 소극적으로 할 수밖에 없기 때문입니다.

리더와 팀원을 바꾸는 30분의 기적, 원온원

글로벌 혁신 기업의 94%가 선택한 구성원과 가장 의미 있는 대화의 방법이 바로 원온원 미팅입니다. 원온원 미팅은 리더와 구성원이 일대일로 만나 일과 성장, 평상시 관심사를 비롯한 주요 아젠다를 밀접하게 논의할 수 있는 기회입니다. 리더의 언어가 의미 있는 대화로 구현되는 장면이기도 합니다.

그러나 원온원 미팅 자체는 그저 리더와 구성원이 일대일로 만나 대화를 나누는 시작점일 뿐입니다. 이 원온원 미팅의 시간이 얼마나 가치 있고 의미 있느냐에 따라 대화의 질이 달라집니다. 구성원이 일의 목적과 의미를 발견하고 성장할 수 있는 기회를 발견하며 고민되는 문제를 해결하고 일의 진척를 만들 수 있는 대화의 시간이 바로 리더와의 원온원 미팅입니다. 또한 구성원이 자신의 새로운 아이디어를 안전하게 마음껏 이야기 나눌 수 있는 장도 원온원 미팅이 되어야 합니다. 따라서 구성원이 리더와의 원온원 미팅을 기대하고 그 시간을 기꺼이 요청한다면 리더의 언어는 의미 있는 대화를 시작하고 있다고 볼 수 있습니다. 그런 의미에서라도 리더는 원온원 대화가 의미 있게 진행될 수 있도록 의도적으로 연습하고 훈련해야 하며, 구성원에게 의미 있는 영향력을 발휘하는 기회를 만들어 활용할 필요가 있습니다.

6

보이지 않는 것을 보는 힘,
전략적 사고[24]

전략적 사고 & Me

모든 것이 불확실하고 정답이 없는 시대에 많은 기업들은 딥체인지를 통해 기존과 다른 새로운 가치를 만들기 위해 노력하고 있습니다. 그러다 보니 지금 당장 눈에 보이지 않는 것을 생각하고 볼 수 있는 '전략적 사고'에 대한 중요성이 더 커지고 있습니다. 그런데 흔히들 전략적 사고 또는 전략적 의사결정에 대해 이야기하면 CEO를 비롯한 고위 임원들이 하는 의사결정의 영역으로 인식하는 경향이 많았습니다. 중간 리더들은 오히려 정해진 결정을 실행하는 역할로 보기 때문입니다. 그러나 전략적 사고는 최고 경영층의 전유물이 아니라 단위 조직 리더들이 가져야 할 미래의 필수 역량입니다.

조직은 여러 계층으로 나누어져 있지만 이를 크게 최고 경영 진과 일선에서 일하는 구성원으로 구분해 살펴보겠습니다. 기업은 끊임없이 외부 환경과 접하면서 새로운 변화에 반응하기도 하고 또 변화를 주도하며 존재합니다. 우리가 속한 기업에서 외부 환경과 가장 밀접하게 마주하고 있는 접점을 생각해 보면 당연히 현장에서 기술을 다루고 제품을 만들고 또 고객을 만나는 일선 구성원이라고 할 수 있습니다.

모 기업에서 소비자의 흐름을 알기 위해 핫플레이스로 알려진 홍대입구에 플래그십 스토어를 한번 만들어 놓았다고 생각을 해 보겠습니다. 어느 날 매장을 방문한 한 고객이 이런저런 기능들이 없어서 불편한데 혹시 이런 기능을 갖춘 제품은 없는지 물었습니다. 실제 그런 제품은 우리만 없는 게 아니라 아직 어느 경쟁사도 출시하지 않은 제품입니다. 지금은 그런 제품이 준비되어 있지 않았으니 아쉽지만 아직 없다고 말할 수밖에 없을 것입니다. 그런데 1~2주 후에 또 다른 고객이 유사한 질문을 하기 시작하더니 이런 일이 반복적으로 나타나고 있는 것입니다. 이처럼 변화는 약한 신호가 어디에서부턴가 조금씩 들어오면서 시작됩니다.

이런 일이 일정 기간 반복되고 있는 만큼 이제는 제대로 된 대응을 하기 위해 전략적 의사결정을 내리는 리더들에게 잘 전달해야 할 필요가 생겼다고 생각해 보겠습니다. 그렇다면 이렇게 현장에서 확인된 메시지가 전략적 의사결정을 내리는 최고 경영진에게 직접 전달이 될 수 있을까요? 당연히 그렇지 않을 것입니다. 검토하고 취사 선택해서 핵심 정보를 중심으로 보고하는 일정한 단계를 거쳐야 합니다. 그런데 만약 이 중간 단계 역할을 하는 리더들이 조직이 나아가야 하는 전략적인 방향에 대한 이해가 부족한 채로 필터링 역할을 한다면 어떤 일이 벌어질까요? 진짜로 중요한 정보는 버려지고 또 실제로 중요하지 않은 정보들만 위로 올라갈 가능성도 있을 것입니다. 전략적인 사고가 최고 경영진에게 당연히 중요한 역할이지만 단위 조직의 리더들이 전략적인 사고를 하지 않는다면 현장에서 일어나고 있는 중요한 정보들이 최고 경영자에게 도달하기까지 사실 많은 왜곡과 변형이 일어날 가능성이 큽니다.

최근 가장 성공적인 혁신 기업으로 성장하고 있는 애플의 사례를 한번 살펴보겠습니다. 애플은 1970년대에 매킨토시 컴퓨터를 시작으로 지금은 수많은 혁신 제품을 만들고 있는 회사입니다. 이러한 애플의 새로운 변화를 알리는 가장 첫 번째 출발점은 음악을 들을 수 있는 '아이팟'이었습니다. 아이팟 후에 스마트폰의 시작을 알리는 아이폰이 나오고 그후 태블릿 PC인 아이패드로 이어지는 혁신의 역사를 만들어 낸 것입니다.

그런데 아이팟의 성공 과정을 보면 재미있는 스토리가 있습니다. 아이팟이 매우 혁신적인 제품이었지만 제품이 출시되자마자 시장에서 승승장구했던 것은 아닙니다. 아이팟은 기존 MP3 플레이어와는 다르게 아이튠즈라는 소프트웨어를 통해 다양한 음악을 자유롭게 구매하고 활용할 수 있는 구조를 만들었고 이것이 고객들을 열광시켰던 제품입니다. 따라서 아이팟이 활용되기 위해서는 이것을 돌아가게 하는 소프트웨어로써 아이튠즈가 필요한데 이 아이튠즈는 애플이 개발한 맥 컴퓨터에서만 작동되고 대다수 사람들이 사용하는 윈도 PC에서는 작동되지 않았던 것입니다. 실제 2000년대 초반 PC 시장 매출을 보면 맥 컴퓨터가 차지하고 있던 비중은 전체 PC 시장의 약 3%정도밖에 되지 않았습니다. 그러니 혁신적인 아이팟이 성장하는 데는 한계가 있을 수밖에 없었습니다. 그렇다면 왜 이런 일이 발생했을까요? 스티브 잡스의 전략적 판단은 고객이 맥을 선택해 주기를 바랐던 겁니다. 그래서 아이팟과 동시에 맥의 성장을 기대하고 있었던 것입니다. 스티브 잡스는 실무진이 윈도 PC에 아이튠즈 설치를 제안했을 때 불같이 화를 내며 반대했다고 합니다. 윈도 PC에 아이튠즈 적용을 거부하고 오로지 맥 컴퓨터에만 가능하도록 유지하려 했다는 것입니다. 아이팟을 개발하고 판매를 담당하는 실무진들은 지속적으로 스티브 잡스를 설득했지만 쉽지 않았다고 합니다. 스티브 잡스는 맥을 자신과 동일시하며 맥 컴퓨터의 생태계를 만들고 싶었던 것입니다. 그러나 실무진의 전략적 판단은 달랐습니다. 이것은 PC 시장에서의 경쟁이 아니라, 새로운 음악 시

정답 없는 세상에서 리더로 살아가기

장을 창조하는 과정이고 그러기 위해서는 반드시 윈도 PC에 아이튠즈가 가능하도록 개방성을 만들어야만 했던 것입니다. 결국, 윈도 PC에도 아이튠즈가 적용되기 시작하면서 우리가 알고 있는 아이팟의 시대가 본격적으로 시작한 것이며, 그것이 바로 애플 부활의 신호탄이 됩니다.[25]

이처럼 전략적 사고는 최고 경영층뿐 아니라 단위조직 리더에게도 매우 중요한 리더십 역량입니다. 일상에서 고객의 변화를 센싱하고, 새로운 가치와 아이디어를 구현하며 현실화시키는 것 그리고 이를 최고 경영층에게 설득력 있게 전달하고 실행을 이끄는 과정은 모두 보이지 않는 것을 보는 전략적 사고가 있을 때 가능하기 때문입니다. 그리고 이러한 전략적 방향성의 고민이 특정 포지션의 리더들만의 전유물이 아니라면 자유롭게 논의할 수 있는 문화를 만드는 것도 매우 중요합니다. 최고 경영층의 입장에서 단위 조직 리더는 일종의 의사결정을 지원하는 참모 역할이고 그 과정에서 최고 경영층과 다른 관점과 의견을 갖고 설득하고 의견을 나누는 과정은 늘 어렵고 힘든 과정입니다. 그렇지만 앞서 살펴본 과정처럼 참모들이 전략적 판단을 가지고 건강한 논의가 이루어져야 새로운 성장을 만들 수 있는 시대입니다. 동일하게 이 문제를 자신이 담당하는 팀으로 옮겨 보면 구성원의 입장에서는 구성원들이 참모의 위치에 있고 어쩌면 스티브 잡스의 위치에 담당 리더를 놓고 생각할 수 있습니다. 따라서 우리 팀의 전략적 방향을 판단하고 고민할 때도 유연하게 논의하고 오히려 구성원들이 보다 전략적인 방향성에 더 가까울 수 있다는 생각을 갖고 자유롭게 논의할 수 있는 문화를 만드는 것은 중요할 수 있습니다.

전체를 보는 눈

전략적 사고를 한다는 것은 당장 눈앞에 있는 것만 해결하는 것이 아니라 그 다음에 지속 가능성을 생각해 봐야 되는 문제입니다. 현재 우리 조직이 가진 여러 자원을 보면 탁월한 경쟁력을 지닌 것도 있지만 상대적으로 열등한 상태에 있는 것들도 존재합니다. 생각해 보면 이러한 열등한 상황이 언제, 어떤 의사사결정으로 인해 비롯된 것인가를 고려할 필요가 있습니다. 대부분은 지금 당장이 아니라 지난 2~3년 전 또는 그 이전의 의사결정의 과정이 지금 우리의 모습으로 나타난 결과일 가능성이 큽니다. 이런 맥락에서 오늘의 의사결정이 3년 또는 5년 후에 우리가 지금과 똑같이 열등한 상황에 처할 수 있는 이런 우를 범하지 않도록 사고하고 의사결정하는 것이 전략적 사고의 핵심입니다.

그런 관점에서 한 가지 더 고려할 것은 전략의 수립과 실행에 대한 관점입니다. 전략을 생각을 해보면 전략은 수립Formation하는 것과 그것을 실행Implementation하는 것을 통해 현실화시키는 과정입니다. 경영학계의 한 구루가 많은 CEO들을 만나서 물어봤다고 합니다. 전략에는 수립 부분과 실행이라는 부분이 있는데 '어느 부분이 더 어렵다고 생각하십니까?' '왜 여러분들은 원하는 결과를 못 이루어 낸다고 생각하십니까?'라고 질문을 했습니다. 많은 CEO들이 대답하기를 전략 수립은 상대적으로 쉬운데 이것을 실행에 정확하게 옮기지 못해 기대하는 결과를 만들지 못하는 것 같다고 말했다고 합니다. 즉 전략의 수립은 어렵지 않은데 전략을 실행하고 현실화하는 것이 더 어렵다고 이야기한 것입니다.

이때 이 경영학계의 구루는 이렇게 얘기를 합니다. 경영자들이 전략 수립에 대해 어렵지 않다고 생각하는 이유는 남의 전략을 베끼기 때문이라는 것입니다. 아무도 하지 않는 새로운 길을 개척하는 소위 블루오션을 만들어 내는 사고를 하지 않은 채, 동종 업계 또는 유사 업계에 있는 조금 앞서가는 기업들의 전략을 소위 벤치마킹이라는 미명 하에 가져다가 카피하는 것에 멈추어 있기 때문이라고 지적한 것입니다. 전략이야말로 남의 것을 베끼는 것이 아니라 리더와 구성원이 전략적인 사고를 통해서 새로운 것을 만들어 낼 수 있어야 한다는 것입니다.

이처럼 전략적 사고를 하지 못하면 어떤 일이 벌어질까요? 3년 전 또는 5년 전의 의사결정으로 인해 지금의 우리가 수많은 실행상의 문제를 갖게 되는 결과로 나타나게 됩니다. 결국 전략적 사고는 전체적인 판을 이해하고 중장기적인 관점에서 무엇을 지금 해야 당장의 문제를 해결하는 것을 넘어, 미래의 모습을 그려갈 수 있는지에 대한 판단을 하는 것입니다.

그런데 최근 환경이 너무나 빠르게 변화하고 있다 보니 장기적인 계획을 가져가는 것이 무의미한 것이 아닌가 하는 우려가 있는 것도 사실입니다. 너무나 불확실성이 크다 보니 미래 계획을 세운다는 것 자체가 전혀 실효성이 없고 무의미하다고 보는 것입니다. 그런데 환경이 빠르게 변한다고 해서 우리가 지향하는 바를 설정하지 않으면 어떤 일이 벌어질까요? 현재 위치에서 단한 발짝도 움직일 수 없을지 모릅니다. 반대로 그렇다고 우리가 목표로 지향하는 바를 무조건 고수해야 하는, 불변하는 것이라고 고정하고 생각하면 역시 많은 문제가 발생할 수 있을 것입니다. 결국 빠르게 변화한다고 하는 것이 중장기적인 관점을 포기해야 된다는 뜻이 아니라 그럴 때일수록 중장기적인 관점이 더 중요해지는 것입니다. 다만 그것이 고정된 것이 아니라 그동안에 일어나는 중요한 변화에 의해서 그에 맞게 좀 유연하게 대응하는 노력이 동시에 필요한 과정입니다.

마지막으로 우리는 필연적으로 희소 자원을 가지고 우리가 원하는 목표를 달성해야 합니다. 한정된 자원, 한정된 시간 안에서 움직여야 하는 것이고 그 안에서 목표를 달성을 해야 되기 때문에 지금 우리가 가지고 있는 자원을 어떻게 잘 배분하는가 하는 것이 전략적인 사고의 매우 중요한 요소가 됩니다.

정답 없는 세상에서 리더로 살아가기

스탠포드 경영대학의 로버트 버겔만Robert Burgelman 교수에 따르면 전략이라는 것은 결국 '우리의 운명에 관한 통제권을 확보하고 유지하는 것'이라고 강조합니다. 운명에 관한 통제권을 확보하고 유지할 수 있도록 전체적인 틀의 변화를 이해하고 그 안에서 다른 사람들이 보지 못하는 변화를 센싱하고 이끌어 가는 역할이 바로 리더이며, 이것이 바로 리더에게 전략적 사고가 필요한 이유입니다.

목적-비전-목표-전략적 과제 실행

보이지 않는 미래를 상상하고 전략적으로 판단하고 방향을 설정한다는 것은 그리 쉬운 일이 아닙니다. 그래서 전략적 사고 또는 비전과 방향을 정하는 일은 늘 막연하고 어려움이 있습니다. 불확실 환경에서 길을 잃지 않고 방향을 정할 수 있는 방법은 무엇일까요? 그것은 존재 이유, 즉 목적을 기반으로 비전을 구체화하는 과정입니다.[26]

우리가 존재해야 하는 이유, 즉 목적이 무엇인지를 명확히 할 필요가 있습니다. 각 기업은 각기 지향하는 최종 고객에게 어떤 가치를 만들어 내고자 하는지에 대한 미션이 있습니다. 우리는 그 목적과 미션을 함께 만들고자 하는 사람들이, 그리고 이 일을 실천하기 위해 모인 것이 바로 우리 조직이고, 그것이 우리의 역

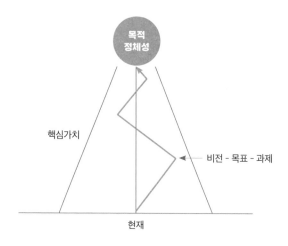

할입니다. 그런데 이 목적은 한 번에 도달할 수 있는 것이 아닙니다. 현실 세계에 존재하는 수많은 제약과 어려움이 있는 만큼 우리는 목적을 이루기 위해 거쳐야 할 중간 지점의 다리를 만들게 되는데 바로 이것이 '비전'입니다. 그래서 비전은 보통 언제까지라는 시간의 개념과 함께, 그 기간 내에 달성해야 할 목표를 함께 수립하는 것이 일반적입니다. 비전이 구체화되면 이 비전을 위한 목표를 설정할 수 있고 목표 달성을 위한 실행 과제가 구체화될 수 있습니다. 이것이 우리가 전략적으로 고려하는 '목적 – 비전 – 목표'를 실천하는 과정입니다.

그런데 이것이 순서가 뒤바뀌면 방향을 잃기 쉽습니다. 목표와 과제는 있는데 그것이 지향하는 비전과 목적에 연결되지 않을 때 무언가 열심히 하지만 무엇을 위해, 왜 하는지가 불명확할

정답 없는 세상에서 리더로 살아가기

수 있고 결국 길을 잃고 방향을 놓치는 경우가 발생합니다. 전략적 사고를 통해 방향을 설정한다는 것은 목적을 향한 여정이어야 합니다. 우리 회사의 존재 이유가 있듯 자신이 담당하는 업의 목적과 정체성을 구체화하고 이를 위한 비전과 목표를 구체화할 때 비록 불확실성과 혼란의 과정에 있다고 해도 해야 할 일을 구체화하고 실천할 수 있는 방향을 정할 수 있기 때문입니다.

그래서 전략적 사고를 통한 방향성의 고민은 긴 여정의 과정 안에서 현재의 위치를 센싱하고, 중장기적 비전을 향해 현재 해야 할 과제를 구체화하는 과정입니다. 각 단위 과제만 보면 방향을 잃기 쉽습니다. 주변을 둘러보면 너무나 매력적인 것이 많고 그 모든 것에 소외되지 않기 위해 따라하기를 하다 보면 길을 잃기도 쉽습니다. 그래서 전략적 사고를 한다는 것은 목적과의 연계성을 놓치지 않고 그 안에서 비전과 목표에 맞는 일을 구체화하고 실천하는 과정입니다.

에필로그

2021년 DDI의 글로벌 리더십 리서치의 조사 결과는 많은 글로벌 기업에서조차 구성원들이 리더가 되고자 하는 열망이 사라지는 소위 '리더십 포비아' 현상이 나타나고 있다는 것을 보여줍니다. 과거에는 리더가 되는 것이 당연한 성장의 과정이었지만 이제 더 이상 리더가 되고 싶지 않다는 구성원이 빠르게 증가하고 있다는 것입니다. 이는 이미 한국 기업에서도 현실화되고 있는 이슈이기도 합니다. 어쩌면 우리 주변에 행복해 보이는 리더가 그만큼 적기 때문일지도 모릅니다. 구성원이 보기에 리더가 그리 좋아 보이지 않고 오히려 힘들고 어려운 역할이라고 느낀다면 기꺼이 리더가 되고 싶은 사람이 별로 없는 것이 당연할 수 있을 것 같습니다. 리더가 아무리 중요하다고 강조해도 아무도 리더가 되고 싶지 않은 문화적 토양이 지속된다면 우리가 기대할 수 있는 미래는 제한적일 수밖에 없을 것입니다.

그런데 여기 또 다른 리더들이 있다는 사실을 기억할 필요가 있습니다. 리더 보임 이후, 행복이 더 커지고 있다고 말하는 리더들이 있었습니다. 리더 중 약 1/3이 여기에 해당합니다. 이들은 리더 보임 후 리더로서 더 넓은 관점을 배우고 기여할 수 있는 기회를 얻었다고 말합니다. 그뿐만 아니라 더 큰 자율성과 책임을 갖고 주도적으로 일하며 구성원을 성장시키고 더 큰 영향력을 발휘할 수 있었다고 말합니다. 무엇보다 리더로서 자신이 성장하는 행복한 시간이라는 것입니다.

리더로서 가 보지 않은 길과 해 보지 않은 역할에서의 도전과 시행착오 그리고 불안은 지금도 그리고 앞으로도 계속되는 정해진 미래입니다. 불안을 회피해 안전을 만나면 좋겠지만 불안을 피해 간 길에 기다리는 건 더 큰 불안뿐입니다. 정답은 아니지만 이를 직면하고 대응하는 법을 새롭게 배워야 하는 시기입니다. 그리고 그것은 조직에 남아 있을 때 시작해야 합니다. 리더로서 시행착오를 통해 거친 어려움을 만나더라도 그 과정에서 시도하고 배우고 성장할 수 있는 기회가 있기 때문입니다.

사람의 행동을 연구하는 수많은 심리학적 실험 중에 마케팅과 관련된 재미있는 실험이 진행된 적이 있었습니다.[1] 이 실험의 내용을 우리 일상으로 가져와 설명하면 이런 스토리가 됩니다. 가끔 고급 식당에 가게 되면 코스 요리가 있습니다. 다양한 코스 요리에 따라 가격도 천차만별입니다. A코스는 비교적 저렴한 가격입니다. B코스는 A코스보다 음식도 다양하고 질도 좋고 가격도 그만큼 비싼 메뉴입니다. 이렇게 두 메뉴가 있을 때 고객은 고민을 하게 됩니다. A코스를 선택하면 비교적 저렴하게 식사를 할 수 있는 반면 B코스를 선택하면 가격 부담은 되지만 더 좋은 음식을 즐길 수 있습니다. 그런데 여기에 새로운 메뉴 C코스가 등장하는 경우가 있습니다. C코스는 B코스보다도 훨씬 높은 가격이고 고급 음식으로 채워져 있습니다. 이럴 때 고객의 심리 상태와 소비 상태는 자연스럽게 바뀌게 됩니다. 더 이상 A코스 메뉴는 고려 대상이 되지 않습니다. 너무 싸서 차마 선택할 수가 없기 때문입니다. 반면 B코스를 선택하는 고민은 줄어듭니다. C코스라는 메뉴로 인해서 B코스가 선택할 만해진 것입니다. 처음 A와 B만 있었을 때는 선택의 고민이 되었지만 C라는 메뉴가 등장하면서 A는 너무 낮은 것이 되고 B는 오히려 무난해진 것입니다.

이러한 마케팅 전략은 실제 비즈니스 곳곳에서 사용됩니다. 음료를 판매하는 곳에도 3개의 용량 컵을 제시하면 대부분 사람들은 중간 사이즈를 선택합니다. 판매자 입장에서도 판매 전략 자체가 B에 있는 것입니다. C는 B를 팔기 위한 수단이기 때문입니다. 이처럼 압도적인 C는 사람들의 생각과 행동을 바꾸게 됩니다.

다시 리더십 이야기로 돌아와 보겠습니다. 먼저 우리 각자가 좀 더 좋은 리더가 될 필요가 있습니다. 새로운 C의 등장이 사람

298　　　정답 없는 세상에서 리더로 살아가기

의 생각을 바꾸었듯이 구성원들이 이러한 리더들을 보고 자신도 더 좋은 리더가 되기를 꿈꾸는 그런 환경이 펼쳐지기를 기대합니다. 늘 어렵고 힘든 상황이라 피하고 싶은 모습이 아니라 우리가 직면하는 현실은 언제나 불확실성과 변동성이 크지만 그럼에도 불구하고 새로운 가능성을 탐색하고 시도해 보며 그 과정에서 새로운 성공 경험을 만드는 체험을 해 볼 수 있도록 말입니다. 구성원들이 일을 통해 자신의 가능성을 발견하고 일의 의미를 체감하며 몰입해서 일하고 일을 통한 성취감을 경험할 수 있기를 기대합니다. 그러려면 우리가 먼저 좋은 리더가 되어야 하고 우리 회사가 좋은 리더를 만들 수 있어야 합니다. 그래서 구성원들이 더 좋은 리더를 꿈꿀 수 있도록 해야 합니다.

지금까지 리더는 나의 선택이 아닌, 선발되고 보임받는 과정이었습니다. 회사로부터의 인정이며, 감사한 영역이었습니다. 그러나 이제 한 가지가 더 있어야 합니다. 리더는 회사 차원의 요구와 더불어 자신의 자발적 선택과 결단이 필요합니다. 리더 역할은 앞으로도 여전히 만만치 않은 생활임에 틀림이 없습니다. 여전히 불확실하고 혼돈이 크고 과정에서 많은 어려움과 실패가 있을 수밖에 없습니다. 리더의 삶은 학습의 과정이고 성장의 과정이며 리더의 디자인에 따라 구성원이 함께 성장할 수 있는 가치 있는 삶이기도 합니다. 어쩔 수 없이 주어진 역할을 힘들게 하는 것이 아니라 더 좋은 미래를 위해 기꺼이 선택하고 결단하는 과정으로 리더의 삶을 시작해 보기를 기대합니다. 그래서 이러한 우리를 보고 더 많은 구성원이 리더가 되기를 꿈꾸며 더 좋은 리더들이 성장하는 무대가 되기를 기대합니다.

참고문헌

프롤로그

1 John F. Helliwell, Richard Layard, Jeffrey D. Sachs, Jan-Emmanuel De Neve, Lara B. Aknin, Shun Wang, World happiness report 2023, 2023. https://worldhappiness.report/ed/2023

2 SK그룹 mySUNI 행복컬리지, 2022 행복을 말하다(연구보고서), 2022.

3 Clifton, J., Harter, J. K, It's the Manager: Gallup Finds the Quality of Managers and Team Leaders is the Single Biggest Factor in Your Organization's Long-term Success. Gallup Press, 2019.

4 국내 기업 리더 대상 리더십 교육 중 설문조사, 2022.

5 Hamel, G, The why, what, and how of management innovation. Harvard business review 84(2), 2006, 72

1부
리더의 삶, 현실공감

1 국내 직장인 대상 행복 서베이, 2023.

2 동아일보, 「직장인 10명 중 9명 "고용 불안"…중소기업·50대 이상·비정규직 근로자 '심각'」, 2021. https://www.donga.com/news/Economy/article/all/20210306/105748211/1

3 김성준, 이중학, 임창현, 「리더의 불안, 리더십 연구에서 어떻게 다룰 것인가? 문헌 검토와 연구 제언」, 『리더십연구』 12(4), 대한리더십학회, 2021, 45-79.

김성준, 이중학, 임창현, 「리더의 불안은 어떻게 자신과 구성원에게 영향을 미칠 수 있는가?: 방어기제와 일상 리더십 행동을 중심으로」, 『인사조직연구』 30(2), 한국인사조직학회, 2022, 95-127.

4 국내 대기업 신임리더 687명 설문조사, 2021.

5 Hellebuyck, M., Nguyen, T., Halphern, M., Fritze, D., Kennedy, J, Mind the workplace: Workplace mental health 2017. LA: Mental Health America, 2017.

6 Laura Silver, Patrick Van Kessel, Christine Huang, Laura Clancy and Sneha Gubbala, What makes life meaningful? Views from 17 advanced economies. Pew Research Center, 2021. https://www.pewresearch.org/global/2021/11/18/what-makes-life-meaningful-views-from-17-advanced-economies/

7 World Value Survey, https://www.worldvaluessurvey.org/wvs.jsp
양해만, 조영호, 「한국의 사회경제적 변화와 탈물질주의: 왜 한국인들은 여전히 물질주의적인가?」, 『한국정치학회보』 52(1), 한국정치학회, 2019, 75-100.

8 박선웅, 박예린, 「불확실한 정체성과 낮은 심리적 안녕감 간의 관계에서 물질주의의 매개효과」, 『한국심리학회지: 사회 및 성격』 33(2), 한국심리학회, 2019, 1-21쪽.
임의진, 『숫자사회: 순자산 10억이 목표가 된 사회는 어떻게 붕괴되는가』, 웨일북, 2023.

9 McKinsey, Company, How to find your purpose, 2022. https://www.mckinsey.com/featured-insights/mckinsey-guide-to-managing-yourself/how-to-find-your-purpose?cid=other-eml-alt-mip-mck&hlkid=cc7f7e295d23456b955fc5158d0b0f27&hctky=12122691&hdpid=63abba39-caf1-49c5-a632-cdeeae954fa1

10 David A. Garvin, How Google Sold Its Engineers on Management, 2013. https://hbr.org/2013/12/how-google-sold-its-engineers-on-management

11 국내 직장인 대상 행복 서베이, 2023.

12 리더 대상 리더십 서베이, 2018-2022.

13 SK그룹 mySUNI 행복컬리지, 2022 행복을 말하다(연구보고서), 2022.

14 국내 대기업 HR 리더 인터뷰.

15 Darley, J. M., Batson, C. D, "From Jerusalem to Jericho": A study of situational and dispositional variables in helping behavior. Journal of personality and social

psychology 27(1), 1973, 100.

16 Richard Feloni, How a regular employee helped put Amazon on the path to billions of dollars, 2014. https://www.businessinsider.com/benjamin-black-and-amazon-web-services-2014-7

17 World Economy Forum, The future of jobs, 2020. https://www.weforum.org/reports/the-future-of-jobs-report-2020/

18 신재용, 『공정과 보상』, 홍문사, 2021.

19 Deloitte, 「딜로이트 글로벌 2022 MZ세대 서베이 균형 있는 삶을 추구하면서 변화를 주도한다」, https://www2.deloitte.com/kr/ko/pages/consumer/articles/2022/20220527.html

20 나오미 클라인, 『쇼크 독트린: 자본주의 재앙의 도래』, 살림Biz, 2008.

2부
리더들이 직면하는 결정적 상황

1 Bill Schaninger, Bryan Hancock, and Emily Field, Power to the Middle: Why Managers Hold the Keys to the Future of Work, 2023.

2 IBM HR 매니저 인터뷰.

3 국내 기업 리더 대상 Critical Moments Survey, 2023.

4 리더십 전문기관인 BTS는 비즈니스 성과나 구성원의 몰입과 참여에 큰 영향을 미치는 크리티컬모멘트(Critical Moments)가 있으며, 이를 기반으로 리더의 구체적 행동 변화를 도울 수 있다고 강조한다. 이를 위해 리더들이 직면하는 크리티컬 모먼트를 구체화하고, 이 상황에서 탁월한 리더들이 보이는 사고방식, 의도 및 행동을 체계화하여 리더들의 행동 변화를 구체적으로 가이드하고 있다.
https://bts.com/insights/leadership-is-contextual-so-lets-develop-our-leaders-in-the-moments-they-experience/

5 유튜브 김용민TV – 이완배의 경제의 속살편 참고.

6 대니얼 카너먼, 이창신 옮김, 『생각에 관한 생각』, 김영사, 2018.

7 Snowden, D. J., Boone, M. E, "A leader's framework for decision making",

Harvard business review 85(11), 2007, 68.

8 짐 콜린스, 김명철 옮김, 『위대한 기업은 다 어디로 갔을까』, 김영사, 2010.

9 그랙 맥커운, 김원호 옮김, 『에센셜리즘: 본질에 집중하는 힘』, 알에이치코리아, 2014.

10 브렌트 피터슨, 개이런 닐슨, 송영학, 장미자, 신원학 옮김, 『가짜 일 vs 진짜일』, 세종서적, 2016.

11 국내 빅데이터 분석 전문기업 VAIV와 공통 연구, 소셜 데이터에서 확인되는 직장인의 인식과 생각 분석.

12 니컬러스 애플리, 박인균 옮김, 『마음을 읽는다는 착각: 오해와 상처에서 벗어나는 방법』, 을유문화사, 2014.

13 Newton, L, "Overconfidence in the communication of intent: Heard and unheard melodies. Unpublished doctoral dissertation", Stanford University, Stanford, CA, 1990.

Griffin, D. W., Ross, L, "Subjective construal, social inference, and human misunderstanding" In Advances in experimental social psychology Vol. 24, Academic Press, 1991, pp.319-359.

14 Ryan Roslansky, "Skills are the New Currency", 2022.https://www.linkedin.com/pulse/skills-new-currency-ryan-roslansky/

딜로이트, "경계가 사라진 일의 세계와 새로운 기본 원칙", 2023. https://www2.deloitte.com/kr/ko/pages/human-capital/articles/20230906.html

15 Unilever, "The Future at Work: A Unilever Case Study", 2022. https://www.crforum.co.uk/research-and-resources/the-future-at-work-a-unilever-case-study/

16 Linkedin, "Future of Skills", https://linkedin.github.io/future-of-skills/#explore 직무 타이틀을 입력하면 관련 스킬이 과거 대비 현재 어떻게 변화하고 있는지 확인할 수 있다

17 현순엽, 『고성과 리더의 비밀 온온원: 구글은 알지만 우리는 모르는』, 파지트, 2023.

18 Google 매니저 인터뷰 및 특강 내용에서 발췌.

19 사람인, 「성인남녀 2명 중 1명, 기업 선택 기준에 재택근무 포함!」, 2022. https://www.saramin.co.kr/zf_user/help/live/view?idx=108750&list_idx=3&listType=news&category=10&keyword=%EC%9E%AC%ED%83%9D%EA%B

7%BC%EB%AC%B4&menu=1&page=1

20 장 프랑수아 만초니, 장 루이 바르수, 이아린 옮김, 『필패 신드롬 : 유능한 직원도 실패하게 만드는 리더는 누구인가?』, 위즈덤하우스, 2022.

21 현순엽, 『고성과 리더의 비밀 온온원: 구글은 알지만 우리는 모르는』, 파지트, 2023.

22 Tomas Chamorro-Premuzic, "7 Questions to Ask Your New Boss", 2021. https://hbr.org/2021/10/7-questions-to-ask-your-new-boss

23 Quantum Workplace, "The Importance of Employee Recognition: Statistics and Research", 2023. https://www.quantumworkplace.com/future-of-work/importance-of-employee-recognition
Susan Caminiti, "Recognition is a simple yet effective way to keep employees from quitting", 2022.

24 Gallup, "State of the Global Workplace 2023 Report THE VOICE OF THE WORLD'S EMPLOYEES", 2023. https://www.gallup.com/workplace/349484/state-of-the-global-workplace.aspx

25 Manfred F, R. Kets de Vries, "Inner Theatre Inventory".

26 Schwartz, S. H., Cieciuch, J., Vecchione, M., Davidov, E., Fischer, R., Beierlein, C., Konty, M., "Refining the theory of basic individual values", Journal of personality and social psychology 103(4), 2012, p.663.

27 Duffy, B., Murkin, G., Skinner, G., Benson, R., Gottfried, G., Hesketh, R., Page, B, "Culture wars around the world: how countries perceive divisions", London: King's College, 2021.

28 DDI, "Resolving Workplace Conflict".

29 Robert, E Kelley, "The power of followership", 1992.

30 사람인, 「직장인 절반, '나보다 어린 상사 싫어요'」, 2021. https://www.saramin.co.kr/zf_user/help/live/view?idx=108369&list_idx=0&listType=news&category=10&keyword=%EC%97%B0%EC%83%81%EB%B6%80%ED%95%98&menu=1&page=1

3부
미래 리더십을 말하다

1 Gherson, D., Gratton, L., "Managers can't do it all–it's time to reinvent their role for the new world of work", Harvard Business Review 100(3-4), 2022, pp.96-105.

2 Flaum, J. P., "When it comes to business leadership, nice guys finish first", Talent Management Online, 2009.

3 타샤 유리크, 김미정 옮김, 『자기통찰: 어떻게 원하는 내가 될 것인가?』, 저스트북스, 2018.

4 Quinn, R. E, "Moments of greatness", Harvard business review 83(7-8), 2005, 74-83.

5 이창준, 『리더십, 문을 열다: 대한민국 리더들이 묻다』, 플랜비디자인, 2020.

6 사티아 나델라, 최윤희 옮김, 『히트 리프레쉬: 마이크로소프트의 영혼을 되찾은 사티아 나델라의 위대한 도전』, 흐름출판, 2018.

7 The Center for Compassion and Altruism Research and Education, https://ccare.stanford.edu/

8 Van Kleef, G. A., Oveis, C., Van Der Löwe, I., LuoKogan, A., Goetz, J., Keltner, D, "Power, distress, and compassion: Turning a blind eye to the suffering of others", Psychological science 19(12), 2018, pp.1315-1322.

9 프란스 드 발, 최재천, 안재하 옮김, 『공감의 시대: 공감 본능은 어떻게 작동하고 무엇을 위해 진화하는가?』, 김영사, 2019.

10 Kirby, J., Stewart, T. A., "The Institutional Yes", Harvard Business Review 85(10), 2007, p.74.

11 Fernández-Aráoz, C, "21st-Century talent spotting", Harvard business review 92(6), 2014, pp.46-54.

12 임창현, 「핵심인재의 요건, 학습민첩성」, 『HR Insight』.
임창현, 위영은, 이효선, 「학습민첩성 측정도구 개발」, 『HRD 연구』 19(2), 한국인력개발학회, 2017, 82-108쪽.

13 Corporate Leadership Council, "Realizing the full potential of rising talent", Washington, DC: Corporate Executive Board, 2005.

14 De Meuse, K. P., Dai, G., Hallenbeck, G. S., Tang, K. Y., "Global talent management: Using learning agility to identify high potentials around the world", Los Angeles: Korn/Ferry Institute, 2008, pp.1-22.

15 Appelbaum, E., Bailey, T., Berg, P., Kalleberg, A, "Manufacturing advantage: Why high-performance work systems pay off", Ithaca, NY: Cornell University Press, 2000.

16 Meyer, J. P.; Allen, N. J., "A three-component conceptualization of organizational commitment", Human Resource Management Review 1, 1991, pp.61-89,

17 테레사 에머빌, 스티븐 크레이머, 윤제원 옮김, 『전진의 법칙: 리더는 무엇을 해야만 하는가?』, 정혜, 2013.

18 Donald Sull, Charles Sull, "How Companies Are Winning on Culture During COVID-19", 2020.

19 Groysberg, B., Slind, M, "Leadership is a conversation", Harvard business review 90(6), 2012, pp.76-84.
Chuck Ainsworth, Rich Been, "Better Culture Starts with Better Conversation", Center for Creative Leadership, 2016.

20 Gallup Research. http://app.e.gallup.com/e/es?s=831949997&e=2950859&elq TrackId=efd74c1a1b7a40299e524d6e5aa03bea&elq=2eaf0a007f6844778f6e6 8d352a494e0&elqaid=12855&elqat=1

21 Losada, M, Heaphy, E, "The role of positivity and connectivity in the performance of business teams: A nonlinear dynamics model", American behavioral scientist 47(6), 2004, pp.740-765.

22 존 가트맨, 서영조 옮김, 『사랑의 과학: 존 가트맨이 전하는 행복한 관계의 원리』, 해냄, 2018.

23 Porter, M. E., Lorsch, J. W., Nohria, N, "Seven surprises for new CEOs", Harvard business review 82(10), 2004, pp.62-75.

24 전략/조직 분야 전문가인 가천대학교 김한얼 교수의 강연 및 인터뷰 참고

25 월터 아이작슨, 안진환 옮김, 『스티브 잡스』, 민음사, 2015.

26 윤정구, 『진성리더십』, 라온북스, 2015.
닉 크레이그, 한영수 옮김, 『목적 중심 리더십』, 니케북스, 2018.
로버트 퀸, 안잔 타코, 한영수 옮김, 『목적 중심 경영』, 니케북스, 2021.

정답 없는 세상에서
리더로 살아가기

초판 1쇄 발행 2024년 2월 11일
초판 2쇄 발행 2024년 4월 30일

지은이 임창현

책임편집 박새암 **편집** 윤소연 **디자인** 박은진
마케팅 임동건 **경영지원** 이지원
출판총괄 송준기 **펴낸곳** 파지트 **펴낸이** 최익성

출판등록 제2021-000049호
주소 경기도 화성시 동탄원천로 354-28 **전화** 070-7672-1001
이메일 pazit.book@gmail.com **인스타** @pazit.book

© 임창현, 2024
ISBN 979-11-7152-025-1 03320

THE STORY FILLS YOU
책으로 펴내고 싶은 이야기가 있다면, 원고를 메일로 보내주세요.
파지트는 당신의 이야기를 기다리고 있습니다.